Recetas
EL PODER
DEL
METABOLISMO

Advertencia:

Este libro, *Recetas El Poder del Metabolismo*, ha sido escrito solamente como una fuente de información. La información contenida aquí nunca debe considerarse como información sustituta de las recomendaciones de su profesional de la salud o médico cualificado. Siempre debe consultar con su médico antes de empezar cualquier régimen de dieta, ejercicio u otro programa relacionado a la salud. El autor, Frank Suárez, es alguien que logró vencer su propia obesidad, no es un médico, dietista, ni nutricionista. Es un especialista en obesidad y metabolismo por su propio mérito. La información que provee este libro está basada en las recomendaciones que a través de más de 15 años han resultado exitosas para las personas que buscaban su ayuda para bajar de peso, controlar la diabetes y recuperar el metabolismo. Hemos hecho esfuerzos razonables para que toda la información aquí descrita sea veraz. La gran mayoría de la información aquí contenida está basada en las experiencias adquiridas trabajando con miles de personas en el Sistema NaturalSlim (www.NaturalSlim.com). Se le advierte que nunca se deben descontinuar o alterar las dosis de los medicamentos recetados, ni cambiar su régimen nutricional, ni utilizar suplementos naturales sin que antes haya consultado con su médico.

Recetas El Poder del Metabolismo
© Copyright 2017-2021, Todos los Derechos Reservados por Frank Suárez
Manuscrito y Portada: Recetas El Poder del Metabolismo

Tercera edición: mayo, 2021

Metabolic Press
262 Ave. Jesús T. Piñero Ste 1, San Juan, Puerto Rico 00918-4004

Diseño e ilustración de portada: Alnardo Martínez, Idearte
Impresión: Panamericana Formas e Impresos S.A.
Colaboradores: Lcda. Tamara Rivera, Aracelis Pérez-Henchys, Lcda. Sylvia Colón, Lcda. Viridiana Martínez, Gabriela Suárez, Rosalva Mancillas, Elizabeth González, Irma Suárez
Edición, corrección, revisión y arte gráfico: Xiomara Acobes-Lozada

Impreso en Colombia / Printed in Colombia
ISBN: 978-0-9882218-9-5 Edición Deluxe con Enlaces

Dedico este libro a los cientos de miles de personas que aceptaron mi ayuda para mejorar su salud y energía.

También a mi querida esposa Elizabeth quién fue la primera en cocinarme sabrosos platos de comida al estilo de la Dieta 3x1˚.

Tabla de Contenido

Esta edición del libro **Recetas El Poder del Metabolismo**, le ofrece acceso gratuito a vídeos educacionales en los que le explico importantes temas como:

- ¿Qué es el Metabolismo?
- Causas para un "Metabolismo Lento"
- Su Sistema Nervioso y el Metabolismo
- La dieta que sube el Metabolismo

Su éxito en adelgazar o mejorar la salud y la energía de su cuerpo dependerá totalmente de los CONOCIMIENTOS que usted adquiera sobre el amplio tema del metabolismo. Para lograr el máximo de conocimientos y así aumentar sus posibilidades de éxito, por favor vea los vídeos que complementan las recetas de este libro lo antes que le sea posible, en el siguiente enlace gratuito:

ElPoderDelMetabolismo.com/videos

Nota: Al acceder al enlace anterior regístrese con su dirección de email y automáticamente recibirá un email nuestro con los enlaces que le permitirán ver los cuatro vídeos especiales que le incluye este libro.

Para que obtenga mejores resultados con las recetas de este libro y con su salud en general, le recomendamos que lea el libro *El Poder del Metabolismo* donde podrá entender cuáles son los factores que le permitirán lograr sus metas de salud al mejorar el metabolismo de su cuerpo. Además, le invitamos a disfrutar de más de 1,100 vídeos educacionales gratuitos, sobre todo tipo de temas relacionados al metabolismo y a la salud, en MetabolismoTV.com o en el canal de MetabolismoTV en YouTube.com.

Que disfrute,

Frank Suárez
Especialista en Obesidad y Metabolismo

Introducción

La comida es uno de los grandes placeres de la vida y es algo que todos tenemos derecho a disfrutar. Pero la comida, cuando se consume sin el conocimiento adecuado sobre el efecto que cada tipo de alimento tiene sobre el metabolismo del cuerpo, puede producir sobrepeso, obesidad, descontrol en la diabetes y otras condiciones de salud. Por ejemplo, ya la ciencia sabe que las personas que están "adictas" al azúcar y a los carbohidratos refinados (pan, pasta, arroz, dulces, etc.) están en un alto riesgo de padecer cáncer o de tener ataques al corazón, aunque sean delgadas. Así que, la comida que compone nuestra dieta puede ser tanto sabrosa como peligrosa, si no sabemos cómo escogerla y combinarla de forma saludable.

Este libro de recetas está basado en la Dieta 3x1® que se enseña en los libros *El Poder del Metabolismo*, *Diabetes Sin Problemas* y en los vídeos de MetabolismoTV.com. La Dieta 3x1® fue desarrollada en los centros NaturalSlim® y ya ha logrado que cientos de miles de personas hayan bajado de peso, aun cuando habían fracasado con incontables dietas anteriores. Hoy en día, miles de diabéticos utilizan la Dieta 3x1® para controlar el azúcar de su sangre (glucosa) de forma natural, incluso sin la necesidad de depender de medicamentos como la insulina.

¡Este es un libro de recetas distinto! Aquí usted encontrará sabrosas recetas que, al ser servidas en su plato al estilo de la Dieta 3x1®, mejorarán no sólo su figura, sino que también la salud y la energía de su cuerpo.

En mi libro *El Poder del Metabolismo* explico la Dieta 2x1® y también la Dieta 3x1®. En este libro decidimos concentrarnos en ofrecerle sólo la Dieta 3x1® que, al ser más baja en carbohidratos refinados, ha resultado ser de gran beneficio tanto para adelgazar como para controlar la diabetes de forma natural.

Las dietas de "contar calorías" y de "pasar hambre" han fracasado miserablemente en controlar las epidemias de obesidad y diabetes que afectan la población de prácticamente todos los países del mundo.

La Dieta 3x1® es un plan de alimentación simple y poderoso que le permitirá lograr su meta de salud, comiendo sabroso, porque toma en consideración el impacto HORMONAL que tiene cada tipo de alimento. Todos los problemas de obesidad, diabetes y tiroides son problemas hormonales que la Dieta 3x1® ayuda a resolver de forma práctica y sencilla.

¿Qué Es El Metabolismo?

Cantidad de gente se queja de tener un "metabolismo lento" porque se les hace difícil adelgazar, ganan peso con demasiada facilidad o se sienten faltos de energía. Pero realmente, ¿qué es el metabolismo?

Le ofrezco la siguiente definición básica de metabolismo que le ayudará a entender el tema.

> **metabolismo: la suma de todos los movimientos, acciones y cambios que ocurren en el cuerpo para convertir los alimentos y los nutrientes en energía para sobrevivir.**

Son muchos los movimientos, procesos, acciones y cambios que el cuerpo humano realiza para sobrevivir: digestión, absorción, respiración, sistema inmune (defensa), circulación, eliminación, etc. Cada uno de estos procesos tiene algo en común: movimiento. El movimiento siempre conlleva el uso de energía. Sin energía no hay movimiento. El metabolismo de su cuerpo es el que produce la energía que permite crear todo el movimiento, la vida y la salud de su cuerpo.

La palabra *metabolismo* tiene su origen en el griego *meta* que quiere decir *movimiento*. El metabolismo ocurre dentro de las células del cuerpo y es el proceso natural que utiliza su cuerpo para crear la energía que le mantiene la vida y la salud. Cuando una persona experimenta un "metabolismo lento" su cuerpo estará falto de energía, por lo cual la persona también tendrá una deficiencia de movimiento interno que le hará engordar con facilidad, tendrá dificultad para adelgazar con las dietas y muy posiblemente se sentirá falto de energía para hacer ejercicios.

Cuando el metabolismo es demasiado lento <u>todos</u> los procesos del cuerpo también son lentos y ello se puede reflejar en estreñimiento, acumulación de tóxicos, mala circulación, muchas infecciones, mala digestión, sobrepeso y obesidad, diabetes, mala calidad de sueño y problemas de la tiroides, entre otros.

Mi libro *El Poder del Metabolismo* trata sobre cómo reconocer estos factores y cómo utilizar los conocimientos al respecto para mejorar nuestro metabolismo y con él nuestra salud. Basado en la dieta que propongo en él, hemos decidido escribir este libro recetario para ayudarles a combinar los alimentos en su Dieta 3x1®.

NOTA: Es vital que usted lea el libro *El Poder del Metabolismo* antes de pasar a la creación de los platos que proponemos en este Recetario, ya que deberá aplicar los datos del libro sobre: los factores que reducen el metabolismo, deshidratación, la temperatura del cuerpo, estrés, mala digestión, sustancias enemigas del metabolismo, desayuno deficiente, *candida albicans*, diabetes, hipoglucemia, problemas hormonales, vida sedentaria y tener conciencia sobre los antidepresivos y medicamentos que engordan. Debe entender la diferencia entre bajar de peso y adelgazar, su tipo de sistema nervioso y otros datos vitales necesarios para la comprensión de la Dieta 3x1®.

Para los que padecen de diabetes o prediabetes es importante leer el libro *Diabetes Sin Problemas* donde se le enseña a evitar los daños de la diabetes, tales como la ceguera, el daño a los riñones, las amputaciones o los ataques al corazón. ¡La diabetes se puede controlar sin exceso de medicamentos! De hecho, se puede controlar la diabetes mientras se come sabroso y sin privarse de ningún alimento con la ayuda de este libro de recetas. Sin embargo, los diabéticos y aquellos seres queridos que los cuidan deben educarse con el libro *Diabetes Sin Problemas* para preservar la salud.

Los Alimentos Son el Combustible de Su Cuerpo

os alimentos son fuentes de energía para su cuerpo. Podríamos decir que el metabolismo es parecido al motor de su auto y los alimentos de la dieta son equivalentes a la gasolina de su auto. El motor de su auto convierte la gasolina en energía para mover las ruedas. De forma parecida, el metabolismo de su cuerpo convierte los alimentos en energía para que entonces, con esa energía, se pueda crear el movimiento (latidos del corazón, respiración, digestión, etc.) que le permite a usted disfrutar de la vida y de la salud. Así como el motor de un auto se afectaría negativamente si usted le provee gasolina de mala calidad, los alimentos de mala calidad o que son alimentos inadecuados para su tipo de metabolismo le causarán un "metabolismo lento" y una falta de energía que le puede afectar la salud.

Usted podrá entender la importancia de conocer qué tipo de sistema nervioso tiene su cuerpo al ver, en los enlaces de vídeos que incluye este libro, el vídeo titulado "Su Sistema Nervioso y el Metabolismo". Por razones hereditarias ¡todos no somos iguales! Por ejemplo, la carne roja, la carne de cerdo, la grasa y la sal no son el mejor tipo de alimento para todos. Sin embargo, habrá visto que, para algunos de nosotros, dependiendo del tipo de sistema nervioso que tiene nuestro cuerpo, este tipo de alimentos sí es recomendable.

A los carbohidratos refinados (azúcar, pan, harina, pasta, arroz, galletitas, etc.) en este libro de recetas y en el libro El *Poder del Metabolismo,* les llamamos "**Alimentos Tipo E**" (Alimentos Tipo "E" porque **E**NGORDAN). También les llamamos Tipo "E" por que son **E**NEMIGOS DEL CONTROL DE LA DIABETES, según explico en mi libro *Diabetes Sin Problemas.* Decir "Tipo E" significa o que ENGORDAN o que son alimentos ENEMIGOS DEL CONTROL DE LA DIABETES. Los Alimentos Tipo E son aquellos alimentos que <u>más aumentan la glucosa</u> (azúcar de la sangre), por lo cual son la causa de la obesidad y también de los daños que puede sufrir un paciente diabético.

Muchas personas que padecen de presión o tensión alta (hipertensión) o de problemas con su tiroides, no saben que estas condiciones se agravan cuando se consume un exceso de "Alimentos Tipo E" (azúcar, pan, harina, pasta, arroz, galletitas, tortillas, arepas, etc.). Ayudando a miles de personas para adelgazar o controlar la diabetes en los centros NaturalSlim® hemos podido comprobar que TODAS las condiciones de salud mejoran cuando una persona reduce el consumo de los "Alimentos Tipo E" al utilizar la Dieta 3x1®.

En fin, la selección de alimentos que usted utilice en su dieta es la decisión más importante que usted puede tomar a la hora de tratar de adelgazar, controlar la diabetes o mejorar la salud. Los alimentos son el combustible de su cuerpo. Si no los escoge bien es seguro que tarde o temprano tendrá problemas de salud. Las recetas que encontrará en este libro le proveerán una amplia selección de alternativas saludables, bajas en carbohidratos y sabrosas al estilo de la Dieta 3x1®.

La Dieta 3x1®

En realidad la Dieta 3x1®, más que una "dieta", es un ESTILO DE VIDA. La palabra dieta siempre nos hace pensar en prohibiciones o en pasar hambre contando calorías. Pero la Dieta 3x1® es una FORMA DE COMBINAR LOS ALIMENTOS que le permite comer de todo lo que le guste y aun así adelgazar o controlar la diabetes. En la Dieta 3x1® no hay ningún alimento prohibido; todo tipo de alimentos está permitido. Lo importante es mantener la PROPORCIÓN correcta entre lo que llamamos **Alimentos Tipo A** (alimentos que ADELGAZAN o Alimentos AMIGOS DEL CONTROL DE LA DIABETES) y los **Alimentos Tipo E** (alimentos que ENGORDAN o Alimentos ENEMIGOS DEL CONTROL DE LA DIABETES).

Observe esta tabla donde se explica que los Alimentos Tipo A nos ayudan a adelgazar y a controlar la diabetes porque son alimentos que producen poca glucosa (azúcar en la sangre). Verá que, por el contrario, los **Alimentos Tipo E** producen mucha glucosa, por lo cual le harán engordar o le subirán la glucosa a un diabético.

Para que el cuerpo pueda crear nueva grasa y engordar, siempre se tienen que combinar la GLUCOSA y la INSULINA. La insulina es la hormona que produce su cuerpo para que las células del cuerpo puedan utilizar la GLUCOSA. Cuando usted combina mucha GLUCOSA con mucha INSULINA siempre obtendrá una mayor creación de nueva GRASA. De esta manera es que el cuerpo crea la nueva grasa y usted engorda:

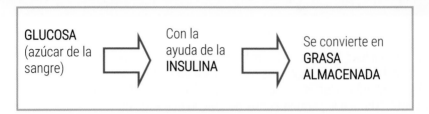

GLUCOSA (azúcar de la sangre) → Con la ayuda de la **INSULINA** → Se convierte en **GRASA ALMACENADA**

La Dieta 3x1® le enseña a proporcionar su plato para que no se cree un exceso de glucosa, de esa forma podrá adelgazar, controlar la diabetes y mejorar el metabolismo de su cuerpo. El daño al cuerpo siempre ocurre cuando la glucosa sube demasiado por lo cual, al controlar la porción de los Alimentos Tipo E que usted ingiere, estará evitando daños a la salud. La epidemia de obesidad y de diabetes que afecta a la población es causada por un exceso de Alimentos Tipo E. Cuando usted aprende a utilizar las proporciones de la Dieta 3x1® estará controlando el sistema hormonal de su cuerpo y sentirá que la energía de su cuerpo ha aumentado.

La Dieta 3x1® se puede utilizar en un restaurante, cafetería o en su casa, ya que sólo depende de que usted sepa clasificar los alimentos como Tipo A o como Tipo E, lo cual es muy fácil de hacer. Los Alimentos Tipo A, que son los que le ADELGAZAN y los que son AMIGOS DEL CONTROL DE LA DIABETES, deben siempre ocupar **¾ partes de su plato**. Los Alimentos Tipo E, que son los que ENGORDAN y que también son ENEMIGOS DEL CONTROL DE LA DIABETES, deben ocupar **sólo ¼ parte de su plato**. Al hacer esto, usted estará logrando una proporción entre los Tipo A y los Tipo E que mantendrá los niveles de glucosa (azúcar de la sangre) en un nivel saludable.

Vea aquí distintos ejemplos de la Dieta 3x1® y de cómo se proporciona un plato de alimentos entre los Tipo A y los Tipo E:

La Dieta 3x1® se adapta a la comida de cualquier país. Si fuera a usarse "a la mexicana" serian ejemplos como éstos:

La Dieta 3x1® también aplica a los desayunos de todos los países:

Por ejemplo, los desayunos en México podrían combinarse así:

El consumo excesivo de los **Alimentos Tipo E** (ENGORDAN, ENEMIGOS DEL CONTROL DE LA DIABETES) es la causa principal del sobrepeso, de la obesidad y de la mayoría de los daños a los diabéticos. Los Alimentos Tipo E aumentan la glucosa (azúcar de la sangre) y el exceso de glucosa, a su vez, es lo que produce tanto la obesidad como los daños (ceguera, amputaciones, daños a los riñones) en los pacientes diabéticos. Por eso, en la Dieta 3x1®, usted puede comer de todo, pero siempre asegurándose de que no más de ¼ parte de su plato esté compuesto de Alimentos Tipo E.

Los Alimentos Tipo E incluyen alimentos tales como: el pan, la pasta, las galletas, la pizza, las harinas de trigo o maíz, el arroz, las habichuelas (frijoles en México), la papa, la yuca, la batata (camote en México), el plátano, los tubérculos, los cereales, las frutas, los jugos de frutas, la leche, los dulces, los chocolates o el azúcar. Los Alimentos Tipo E son los que generalmente más nos pide el cuerpo y los que causan más adicción, por lo cual en los libros *El Poder del Metabolismo* y *Diabetes Sin Problemas* le doy recomendaciones de cómo usted puede "romper la adicción o vicio" a los Alimentos Tipo E, desintoxicando su cuerpo de ellos.

Por otro lado, los **Alimentos Tipo A** (ADELGAZAN, AMIGOS DEL CONTROL DE LA DIABETES) son alimentos como: la carne de res, la carne de cerdo, la carne de pollo, la carne de pavo, el pescado, los mariscos, los quesos, los huevos, los vegetales, los jugos de vegetales, la ensalada, las almendras y las nueces. Mientras haga la Dieta 3x1® asegúrese de que por lo menos ¾ partes de su plato esté compuesto de Alimentos Tipo A porque son alimentos que REDUCEN LA GLUCOSA (azúcar de la sangre), lo cual le ayudará a adelgazar y también a controlar la diabetes.

GUÍA DE ALIMENTOS TIPO A

Para facilitarle la selección de alimentos en su Dieta 3x1® y darle a conocer todos los Alimentos Tipo A que tiene a su disposición, hemos confeccionado una "Guía de Alimentos Tipo A", a colores, que usted puede obtener de forma gratuita descargándola de internet al acceder al siguiente enlace:

www.naturalslim.com/guia-de-alimentos-tipo-a

Una vez acceda a este enlace sólo necesita proveer su nombre y dirección de correo electrónico para recibir un mensaje con el enlace que le permitirá descargar la "Guía de Alimentos Tipo A" a colores, de forma gratuita. Se sorprenderá de la amplia selección que usted tiene a su disposición de Alimentos Tipo A.

La Guía de Alimentos Tipo A viene acompañada de un **Índice de Episodios del 1 al 1,000**, que lista los primeros 1,000 vídeos de MetabolismoTV. Usando este índice usted puede fácilmente encontrar información sobre cualquier tema de salud en los vídeos de MetabolismoTV.

Sólo me queda desearle que disfrute de estas recetas y de la Dieta 3x1®. De seguro, además de adelgazar o controlar la diabetes, notará mejorías en todas sus condiciones de salud, incluyendo presión o tensión alta, triglicéridos, colesterol, incluso hasta tendrá mejor calidad de sueño y mayor energía.

Frank Suárez
Especialista en Obesidad y Metabolismo

Ayuda para los diabéticos y prediabéticos

Este libro de recetas provee más de doscientas recetas de sabrosas comidas, bebidas y postres que, al ser todas bajas en carbohidratos refinados (Alimentos TIPO E, que son los ENEMIGOS DEL CONTROL DE LA DIABETES), son también apropiadas para personas con diabetes o prediabetes. El control de la diabetes y de los terribles daños a la salud (ceguera, ataques al corazón, amputaciones, daños a los riñones, etc.) que puede causarle a una persona depende totalmente de lograr reducir el consumo de los alimentos TIPO E, que son los alimentos que causan los niveles excesivamente altos de glucosa (azúcar de la sangre).

En honor a la verdad, hay que decir que el uso de medicamentos recetados como la insulina, la metformina u otros medicamentos químicos, puede artificialmente reducir los niveles de glucosa de los diabéticos, pero NO evita los daños mayores que pueden causar los niveles altos de glucosa. Por otro lado, está demostrado que la diabetes se puede controlar sin exceso de medicamentos, aunque a las compañías farmacéuticas que producen estos medicamentos no les gustaría que usted supiera cómo lograrlo. Con la ayuda de mi libro DIABETES SIN PROBLEMAS, al utilizar la Dieta 3x1®, combinada con un estilo de vida saludable, se logra adelgazar, mejorar el metabolismo y también aumentar la energía del cuerpo.

La diabetes es un problema serio que requiere la supervisión de un médico. Sin embargo, no existe peor problema para un médico que tratar de ayudar a un paciente que permanece totalmente ignorante sobre su condición de diabetes, por lo cual consume una dieta alta en pan, arroz, tortillas de maíz o trigo, arepas y otros almidones que equivocadamente piensa que "son saludables" porque son "bajos en calorías" o "bajos en grasa". La verdad es que, tal y como se explica y se apoya con cientos de estudios científicos que he citado en el libro DIABETES SIN

PROBLEMAS, lo que destruye el cuerpo y la salud de un diabético es el exceso de carbohidratos refinados, los Alimentos Tipo E.

Si usted padece de diabetes o cuida de un ser querido con diabetes, merece conocer la verdad sobre cómo controlar la diabetes sin necesidad de exceso de medicamentos y sin riesgo de daños a la salud, tales como las amputaciones y la ceguera, entre otros. La responsabilidad principal de lograr el "control de la diabetes" debe recaer sobre el paciente diabético y sobre sus familiares que son los afectados, no sobre los médicos ni sobre los medicamentos que solamente manejan los síntomas de una dieta demasiado alta en carbohidratos refinados. El paciente y sus familiares necesitan tener la oportunidad de recibir una EDUCACIÓN sobre cómo "controlar la diabetes" y mejorar la salud; no más ni mejores medicamentos. Esa educación, en palabras sencillas de entender y sin términos médicos, la encontrará en mi libro DIABETES SIN PROBLEMAS. Además, para los diabéticos y sus familiares, hemos creado un canal de videos educacionales gratuitos en YouTube llamado DIABETESTV. También puede acceder a nuestro portal DiabetesSinProblemas.com y a nuestro fanpage en facebook.com/DiabetesSinProblemas, donde nuestra nutricionista, la Lcda. Sylvia Colón, quien es Consultora Certificada en Metabolismo™ y Educadora en Diabetes, le ofrece explicaciones sencillas para el control de la diabetes.

Las recetas de este libro le permitirán comer sabroso mientras controla la diabetes y la obesidad. La información del libro DIABETES SIN PROBLEMAS le puede salvar la vida a usted o a un ser querido.

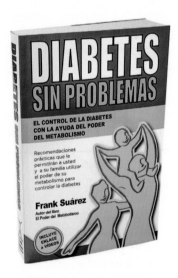

Puede adquirir éste y todos nuestros libros en MetabolismoTVBooks.com, a través de Amazon, o en nuestros centros NaturalSlim.

Desayunos

Aguacate relleno de huevo y tocineta

Ingredientes:

- 1 aguacate
- 4 onzas de tocineta precocinada
- 2 huevos
- sal
- pimienta negra
- hojuelas de chile (opcional)
- especias frescas (opcional)

Procedimiento:

Divida el aguacate en dos y remueva la semilla.
Puede remover un poco del aguacate para que
tenga suficiente espacio para colocar el huevo.
Coloque el aguacate en una bandeja para hornear y vierta el huevo dentro de
la cavidad del aguacate. Corte la tocineta en trozos y coloque sobre el huevo
crudo. En este punto puede sazonar a gusto. Hornee a 425° F durante 15 a 20
minutos. Sirva caliente.

Club Sándwich

Ingredientes:

- 1 rebanada de pan integral
  (bajo en carbohidratos NaturalSlim) (Alimento E)
- 1 a 2 rebanadas de tocineta de pavo
- ⅓ de taza de pollo cocido y desmenuzado
- lechuga y tomate al gusto
- ⅓ de aguacate (opcional)
- 1 aceituna

Procedimiento:

Tueste la rebanada de pan, coloque el aguacate sobre el
pan. Agréguele la tocineta de pavo y el pollo cocido y
desmenuzado. Añada rodajas de tomate y hojas de lechuga al gusto y decore
insertando la aceituna en el centro del sándwich con la ayuda de un palillo de
madera.

Crepes con proteína de whey

Ingredientes:
- 1 taza de claras de huevo líquidas
- ½ taza de queso cottage bajo en grasa
- ½ taza de polvo de proteína de suero de leche de sabor a vainilla Metabolic Protein™
- ½ taza harina de almendras (molida fina)

Procedimiento:
Las crepes de proteínas son increíblemente **fáciles de preparar.** Necesitará una buena sartén antiadherente. Si tiene una sartén especial para preparar crepes sería genial. Si no la tiene, no se preocupe, siempre y cuando tenga una sartén antiadherente de buena calidad.

Mezcle todos los ingredientes en una licuadora o con la batidora. Si lo desea, puede agregar especias como canela o nuez moscada a la masa o ralladura de naranja o limón. Una vez que la masa quede homogénea y sin grumos, caliente una sartén engrasada con una cucharadita de aceite de oliva, aceite de coco o aceite en aerosol.

Una vez que esté caliente, vierta ¼ taza de la mezcla. Tan pronto como la mezcla se vierta sobre la sartén, baje el fuego a medio-alto hasta que se cocine uniformemente y no se queme. Cubra la superficie de la sartén con la mezcla en una capa delgada. Distribuya la mezcla moviendo la sartén o extendiéndola con una cuchara o espátula.

Voltee cada crepe tan pronto como se empiecen a formar burbujas en su superficie. Cuando la crepa se cueza, retire la sartén y coloque la crepa en un plato. Posiblemente tenga que engrasar la sartén cada tres o cuatro crepas. Una vez que todas las crepas estén listas, ¡a rellenarlas!

Le sugerimos rellenarlas con la receta de *Postre de Manzana y Almendras* que encontrará en la sección de los postres de este libro o, para el desayuno, con revoltillo, jamón y queso.

Egg Muffins

Ingredientes:
- 4 lascas de jamón de pavo o pollo picaditas
- 6 huevos
- ¼ taza de leche de coco
- sal y pimienta al gusto
- ¼ taza de espinaca fresca picada o vegetales
- ¼ taza de queso cheddar
- 3 rebanadas pan de trigo de NaturalSlim® o un pan que no tenga más de 4 gramos de carbohidratos por rebanada (opcional)

Procedimiento:
Precaliente el horno a 350° F. En una sartén mediana, dore el jamón de pavo a fuego medio-alto. Ponga a un lado.

En un tazón grande, bata los huevos. Bata en la leche de coco y sazone con sal y pimienta, al gusto. Agregue la espinaca picada.

Engrase un molde grande de seis cupcakes con aceite de coco. Reparta el pan en pedacitos entre los seis espacios. Vierta la mezcla de huevo en forma pareja en los espacios.

Distribuya el queso, el jamón y los vegetales en partes iguales entre cada molde.

Hornee durante 20 minutos o hasta que los muffins estén firmes en el centro. Retire del horno y suavemente vaya alrededor de cada muffin con un cuchillo para sacarlos del molde. Sirva caliente.

Espinacas con jamón de pavo

Ingredientes:

- 3 tazas de espinacas
- 4 rebanadas de jamón de pavo
- ½ taza de queso asadero
- 2 cucharadas de crema
- 2 cucharaditas de aceite de oliva
- queso parmesano al gusto

Procedimiento:

En una sartén grande, cocine las espinacas con un poco de aceite de oliva. Corte el jamón de pavo en tiras y el queso asadero. En un molde para hornear previamente engrasado, coloque las espinacas, el jamón de pavo y al final el queso asadero. Hornee por 15 minutos y espere a que el queso se gratine. Al momento de servir, agregar el queso parmesano.

Horneado de berenjenas

Ingredientes:

- 2 berenjenas bien lavadas y cortadas en cubitos
- 2 cucharadas de aceite de oliva
- 1 cucharadita de sal de ajo con perejil
- 2 dientes de ajo fresco machacado
- 2 cucharaditas de orégano seco en hojitas
- ¾ taza de queso parmesano rallado
- 4 huevos batidos

Procedimiento:

En un tazón grande, mezcle las berenjenas con el aceite, la sal de ajo, el ajo molido y el orégano. Caliente un sartén grande antiaderente y cocine la mezcla, salteando hasta que la berenjena esté blanda. Maje la mezcla y agregue los huevos batidos y el queso. Coloque la mezcla en un molde engrasado con aceite de coco y hornee por 30 minutos.

Horneado de vegetales

Ingredientes:

- 2 tazas de vegetales sin almidón* picados medianos
- 2 tazas de half and half**
- 8 onzas de queso blanco del país
- 5 huevos
- 2 cucharaditas de nuez moscada
- 1 cucharadita de aceite de coco

Procedimiento:

Coloque los vegetales bien distribuidos en un molde para hornear engrasado con aceite de coco.

Licue el half and half con el queso, los huevos y la nuez moscada. Coloque la mezcla de queso sobre los vegetales que ya están en el molde. Hornee tapado por 25 minutos a 350° F. Destape y hornee por 10 minutos más.

*Vegetales sin almidón sugeridos – cebolla, setas, espárragos, repollo, pimientos, berenjena, habichuelas tiernas, brécol, coliflor, zuchini. ** Half and Half es un líquido lácteo que es mitad leche y mitad crema.*

Huevos con nopalitos

Ingredientes:

- 2 huevos
- 1 pieza de nopal limpia y cortada en cuadritos
- ¼ de cebolla blanca pequeña
- ½ tomate pequeño
- 2 cucharaditas de aceite de oliva
- sal al gusto

Procedimiento:

En una cacerola u olla mediana, coloque el nopal cortado en cubitos con suficiente agua que lo cubra por completo, sal y un trozo de cebolla. Una vez que los nopalitos hayan oscurecido su color, retire del fuego, escurra y enjuague. En una sartén aparte, agregue el aceite de oliva y cuando esté caliente, saltee o acitrone la cebolla picada previamente en pequeños cuadros. Agregue los nopalitos y el huevo y revuelva hasta integrar todo. Baje el fuego y sazone con sal. Una vez cocido el huevo, agregue el tomate cortado en cubitos y rectifique la sal.

Huevos rancheros

Ingredientes:
- 1 tomate maduro, picado en cubitos
- ¼ de cebolla, picada en cubitos
- ¼ pimiento verde, picado en cubitos
- 1 cucharada de salsa de chile
- sal y pimienta al gusto
- ½ cucharada de ajo molido
- 1 cucharada de aceite de oliva

Ingredientes para los huevos
- ½ cucharada de aceite de coco
- 2 huevos
- sal y pimienta al gusto

Procedimiento:
En una sartén mediana, saltee todos los ingredientes de la salsa a fuego medio, hasta que estén tiernos y los sabores bien combinados. En una sartén, fría los huevos con un poco de aceite de coco y sazone al gusto con sal y pimienta. Sirva la salsa ranchera sobre los huevos y disfrute.

Migas con huevo

Ingredientes:
- 1 tortilla de maíz cortada en cuadros medianos (Alimento Tipo E)
- 2 huevos
- ¼ taza de chiles cortados
- ½ taza de queso blanco
- 2 cucharaditas de aceite de oliva

Procedimiento:
Caliente el aceite en una sartén. Una vez caliente, coloque la tortilla de maíz cortada en cuadritos hasta que se frían. Esto se logra una vez que los cuadritos obtienen una consistencia crujiente. Añada los chiles y luego agregue los dos huevos y combínelos en movimientos suaves hasta que el huevo esté completamente cocido. Complemente con queso blanco y cebollines picados.

Omelette con champiñones

Ingredientes:
- 2 huevos
- ½ taza de champiñones
- ¼ de taza de cebolla blanca
- ¾ de tomate
- 2 cucharaditas de aceite de oliva
- sal y pimienta al gusto
- hierbas finas al gusto

Procedimiento:
Corte la cebolla, los champiñones y el tomate en cuadritos. En una sartén, caliente a fuego medio el aceite de oliva. Una vez caliente, agregue los vegetales y sazónelos con sal y pimienta al gusto. Cambie la temperatura de cocción a fuego bajo hasta que estén los vegetales cocidos y reserve. En un tazón aparte, integre los dos huevos y revuélvalos. En una sartén mediana, caliente un poco de aceite y añada los huevos, distribuyéndolos de manera uniforme en el fondo de la sartén. Una vez que las orillas del huevo estén doradas, agregue en el centro los vegetales previamente salteados y doble a la mitad. Cocine por un minuto más. Esparza las hierbas finas sobre el omelette.

Omelette a la poblana

Ingredientes:
- 2 huevos
- ½ taza de queso panela
- 2 cucharaditas de aceite de oliva
- ½ taza de espinaca
- chile poblano al gusto
- sal y pimienta

Procedimiento:
Corte la espinaca y el chile poblano en cuadritos. Coloque en una sartén el aceite de oliva y una vez caliente, agregue los vegetales y sazónelas con sal y pimienta. Mantenga a fuego bajo hasta que estén cocidos y reserve. En un tazón, integre los huevos y revuelva. Caliente un poco de aceite en un sartén y añada el huevo distribuyéndolo de manera uniforme por el fondo del sartén.

Una vez que las orillas de la tortilla estén doradas, agregue los vegetales previamente salteados y el queso panela en el centro y doble a la mitad. Cocine por un minuto más, sirva y decore con queso por encima.

Panqueques de fresas

Ingredientes:
- 3 medidas de batida proteína de vainilla Metabolic Protein™
- 2 huevos
- 1 cucharada de sucralosa
- ½ cucharada de aceite de lino
- 2 a 3 onzas de leche de coco o de almendras sin endulzar
- ¼ taza de fresas
- 1 cucharada de "baking powder" o polvo de hornear
- 1 cucharada de aceite de coco para dorar el sartén

Procedimiento:
Mezcle todos los ingredientes con un batidor de mano y cocine como tradicionalmente cocina los panqueques, en una sartén engrasada con aceite de coco o mantequilla, y sirva con sirope de panqueques bajo en carbohidratos.

Panqueques de manzana verde

Ingredientes:
- 3 medidas de batida proteína de vainilla Metabolic Protein™
- 2 huevos
- 1 cucharada de sucralosa
- ½ cucharada de aceite de lino
- 2 a 3 onzas de leche de coco o de almendras sin endulzar
- ¼ de manzana verde en cubos pequeños
- 1 cucharada de "baking powder" o polvo de hornear
- 1 cucharada de aceite de coco para dorar el sartén

Procedimiento:

Mezcle todos los ingredientes con un batidor de mano y cocine como tradicionalmente cocina los panqueques, en una sartén engrasada con aceite de coco o mantequilla, y sirva con sirope de panqueques bajo en carbohidratos.

Tortilla española de chayote

Ingredientes:

- ¼ taza de aceite de coco o aceite de oliva
- 2 dientes de ajo picados
- 1 cebolla picada
- 1 pimiento rojo, picado
- 1 chayote en rodajas finas
- ¼ cucharadita de pimienta negra
- ½ cucharadita de sal fina
- 2 cucharadas de mantequilla
- 5 huevos enteros, batidos

Procedimiento:

En una sartén, a fuego medio, saltee el ajo y la cebolla en el aceite hasta que estén blandas. Añada el pimiento y el chayote. Cocine hasta que el chayote esté tierno. Condimente con sal y pimienta y saque del fuego. Engrase una sartén antiadherente de tamaño mediano con mantequilla. Bata los cinco huevos y añada la mezcla de chayote. Vierta el huevo batido en el sartén precalentado. Inclinar la cacerola para hacer una tortilla en forma de ronda regular.

Tostada de queso panela y aguacate

Ingredientes:

- 1 rebanada de pan integral (Alimento Tipo E)
- 1 rebanada de queso panela
- ⅓ de aguacate
- lechuga al gusto
- tomate al gusto
- hojas de albahaca al gusto

Procedimiento:

Tueste la rebanada de pan integral y úntele el aguacate. Coloque el queso panela encima. Acompañe con una ensalada de lechuga y tomate al gusto. Adorne con hojas de albahaca.

Tostadas a la francesa

Ingredientes:
- 2 a 3 huevos grandes, batidos
- ¼ taza de leche de coco
- ½ cucharadita de extracto de vainilla natural, opcional
- 2 sobresitos de sucralosa o estevia
- 1 cucharadita de canela
- 8 rebanadas de pan bajo en carbohidratos de trigo con canela y pasas o de trigo (ambos disponibles en NaturalSlim®) o pan bajo en carbohidratos

Procedimiento:

En un tazón grande, mezcle los huevos batidos con la leche de coco, la vainilla, los sobrecitos de sucralosa o estevia y la canela. Corte la rebanada de pan por la mitad y remoje en la mezcla. *Cuando las corta por la mitad, puede comerse cuatro porciones. Si las deja completas, coma sólo dos porciones.* Mientras remoja el pan, vaya calentando una sartén que contenga una cucharada de aceite de oliva, de coco o de mantequilla. Cocine por uno a dos minutos cada lado de la tostada a fuego mediano o mediano-alto, hasta que llegue al término de su preferencia. Si desea la tostada doradita, debe estar muy pendiente.

Sugerencias para servir

Puede decorar su plato de tostadas francesas con dos fresas frescas cortadas (esto le añade dos gramos de carbohidratos por porción). Puede utilizar "whip cream" o crema batida. Existen varios tipos de crema batida en el mercado que son bajas en carbohidratos. Las tostadas a la francesa también pueden saborearse acompañadas con sirope sin azúcar y bajo en carbohidratos.

Waffles de proteína

Ingredientes:
- 2 huevos
- ½ taza de Metabolic Protein™ de vainilla
- 3 a 5 cucharadas de estevia granulada
- 1 cucharadita de polvo de hornear
- 1 a 2 cucharaditas de vainilla
- ½ taza de leche de almendras
- 3 cucharadas de mantequilla derretida

Procedimiento:
En un tazón grande, bata el huevo, la proteína de vainilla, la estevia y el polvo de hornear. Agregue la mantequilla derretida lentamente, mezclando para asegurar que sea una consistencia lisa. Añada la leche de almendras y la vainilla y mezcle bien. Coloque suficiente de la mezcla en la wafflera (máquina para hacer waffles). Cocine hasta que esté dorado. Repita hasta que se haya utilizado toda la mezcla.

Waffles

Ingredientes:
- 1 taza de harina Glucotein™
- 5 cucharadas de mantequilla sin sal, derretida
- ¼ taza de leche de almendras sin azúcar (puede añadir más leche si es necesario)
- ¼ taza de estevia o sucralosa
- ¼ cucharadita de polvo de hornear
- ½ cucharadita de baking soda (bicarbonato de sodio)
- ¼ cucharadita de sal
- 2 huevos
- 1 cucharadita de canela
- 1 cucharadita de vainilla

Procedimiento:
Mezcle todos los ingredientes en un tazón grande. Bátalos hasta que tengan la consistencia de una mezcla para panqueques, pero algo espesa. Eche la mezcla en la wafflera y cocine los waffles hasta que estén dorados.

Batidas Mañaneras

Las siguientes recetas de batidas, batidos, malteadas o licuados, son variaciones que puede preparar de su batida de proteína mañanera Metabolic Protein™. Estas recetas deben prepararse en una licuadora o "blender" para que tengan la consistencia adecuada. Sólo escoja la receta de su preferencia, coloque los ingredientes en la licuadora con cuatro cubos de hielo y procese hasta que todos los ingredientes queden bien combinados.

Al igual que a su batida mañanera, a todas estas recetas se les añade el aceite Coco-10 Plus™ y cualquier otro suplemento que se le haya recomendado como parte de su programa NaturalSlim®.

Si en su país no puede acceder a la batida Metabolic Protein™ puede sustituirla con la proteína de whey (suero de leche) de su predilección, utilizando la medida del servicio que le indique en la etiqueta. -Cuando nos referimos a "medida de Metabolic Protein" nos referimos a la pequeña taza o scoop que viene dentro de la batida para servirla.

Almendra Caramelo

- 2 medidas o scoops de batida de chocolate Metabolic Protein™
- 4 onzas de leche de almendras sin endulzar y 4 onzas de agua
- 2 cucharadas de sirope de panqueques sin endulzar
- 12 avellanas (hazelnuts)
- 2 cucharadas de cremora de avellanas sin azúcar

Amor por el Chocolate

- 2 medidas de batida chocolate Metabolic Protein™
- 8 onzas de agua
- 1 cucharada de cacao rallado y oscuro sin endulzar

Batida de Coquito

- 2 medidas de batida de vainilla Metabolic Protein™
- 8 onzas de leche de coco
- ½ cucharadita de canela
- ½ cucharadita extracto de coco
- 1 cucharadita extracto de vainilla

Batida Verde Deliciosa

- 2 medidas de batida de vainilla Metabolic Protein™
- 4 onzas de leche de almendras sin endulzar
- 4 onzas de agua
- 1 taza de espinacas
- ½ cucharadita de canela
- 1 cucharada extracto de vainilla
- 2 onzas de yogur griego sin endulzar
- 4 cubos de hielo
- 1 cucharadita de estevia
- 1 pizca de sal

Besos de Aguacate

- 2 medidas de batida de vainilla Metabolic Protein™
- 4 onzas de leche de almendras sin endulzar
- 4 onzas de agua
- ½ aguacate pequeño
- ¼ cucharada de canela

Besos de Fresa

- 2 medidas de batida de fresa Metabolic Protein™
- 6 onzas de agua
- 3 strawberries
- 4 onzas de yogur griego natural

Bizcocho de Zanahoria

- 2 medidas de batida de vainilla Metabolic Protein™
- 8 onzas de leche de almendras o de coco sin endulzar
- ½ cucharada extracto de vainilla
- ½ cucharada de canela en polvo
- 1 zanahoria pequeña cortada en trozos o 6 "baby carrots"
- 1 puñado de walnuts (nueces de castilla)

Choco Almendra

- 2 medidas de batida de chocolate Metabolic Protein™
- 8 onzas de leche de almendras sin endulzar
- 12 almendras
- 1 cucharada de mantequilla de almendras

Choco Menta

- 2 medidas de batida de chocolate Metabolic Protein™
- 4 onzas de agua
- 4 onzas de leche de coco sin azúcar
- ½ cucharadita de extracto de menta

Delicia de Almendras

- 2 medidas de batida de vainilla Metabolic Protein™
- 8 onzas de leche almendras sin endulzar o agua
- ½ cucharadita de extracto de almendras
- 1 cucharada de mantequilla almendras
- 12 almendras enteras

El Monstruo Verde

- 2 medidas de batida de vainilla Metabolic Protein™
- 4 onzas de leche de almendras sin endulzar
- 4 onzas de agua
- 1 taza de espinacas o kale
- ½ cucharadita de canela
- 1 cucharada de extracto de vainilla
- 2 onzas de yogur griego sin endulzar

Extravaganza de Almendras

- 2 medidas de batida de vainilla Metabolic Protein™
- 8 onzas de leche de almendras sin endulzar
- 1 cucharadita de extracto de vainilla
- 1 cucharadita de sirope de panqueques sin azúcar
- ½ cucharadita de canela
- 1 cucharada de yogur griego

Fresa y Nueces

- 2 medidas de batida de fresa Metabolic Protein™
- 4 onzas de agua
- 3 strawberries
- 6 macadamias enteras
- 4 onzas de yogur griego natural

Fiesta Verde

- 2 medidas de batida de vainilla Metabolic Protein™
- 8 onzas de agua
- 1 taza de espinacas o kale
- ½ pepino pequeño
- 2 espárragos frescos
- 1 rebanada de aguacate
- ½ cucharada de extracto de vainilla
- ½ cucharadita de canela en polvo

Matteada de Fresa

- 2 medidas de batida de fresa Metabolic Protein™
- 8 onzas de agua
- 6 strawberries
- 1 cucharada de extracto de vainilla

Mocha

- 2 medidas de batida de chocolate Metabolic Protein™
- 4 onzas de leche de almendras sin endulzar
- 4 onzas de café frío

Napolitana

- 1 medida de batida de vainilla
- ½ medida de batida de fresa
- ½ medida de batida de chocolate
- 8 onzas de agua
- ½ cucharada de extracto de vainilla

Rollos de Canela

- 2 medidas de batida de vainilla Metabolic Protein™
- 8 onzas de leche de almendras sin endulzar o agua
- 1 cucharadita de extracto de vainilla
- ½ cucharadita de canela (polvo)
- 2 cucharadas de sirope "panqueques" sin azúcar

Sueños de Aguacate y Chocolate

- 2 medidas de batida de chocolate Metabolic Protein™
- 4 onzas de leche de almendras sin endulzar
- 4 onzas de agua
- ½ aguacate pequeño
- 1 cucharada de extracto de vainilla
- 1 cucharada de cacao rallado oscuro sin endulzar

Sueños de Pistacho

- 2 medidas batida de vainilla Metabolic Protein™
- 4 onzas de leche de almendras sin endulzar
- 4 onzas de agua
- ¼ taza de pistachos
- ½ cucharada de extracto de pistacho

Súper Batida Quema Grasa

- 8 onzas de agua
- 2 medidas de Metabolic Protein™ de vainilla o chocolate
- 1 cucharada de mantequilla de almendras o 6 almendras enteras
- ½ cucharadita de canela en polvo
- 1 taza de espinacas, kale, o brócoli fresco (no usar congelados)
- 1 cucharada de Coco-10 Plus™
- ½ cucharadita de Flax Oil™ (aceite de lino o linaza)
- 1 cucharada de Leci-Clean™ (lecitina granulada)
- 1 pizca de sal
- ½ cucharadita de extracto de vainilla

Tarta de Nueces Pecanas

- 8 onzas de leche de almendras o coco sin azúcar
- 2 medidas de batida de vainilla Metabolic Protein™
- 12 nueces pecanas tostadas (pecans)
- ¼ taza de queso ricotta
- 2 cucharadas de sirope de panqueques sin azúcar
- ½ cucharada de extracto de vainilla
- ½ taza de hielo
- pizca de nuez moscada
- ½ cucharadita de canela
- canela para decorar

Vainilla Café

- 2 medidas de batida de vainilla Metabolic Protein™
- 4 onzas de café frío
- 4 onzas de leche de coco sin endulzar o agua
- 1 cucharadita de extracto de vainilla

Vainilla y Fresa

- 2 medidas de batida de vainilla Metabolic Protein™
- 4 onzas de leche de almendras sin endulzar
- 4 onzas de agua
- 3 strawberries
- 1 cucharada de extracto de vainilla

Ensaladas, aderezos y sopas

Aguacate relleno de ensalada de atún

Ingredientes:
- 1 aguacate
- 4 latas o 5 onzas de atún
- 1 taza de mayonesa
- ¼ taza de cebolla roja picada
- ¼ taza de pimiento verde (o cualquier color)
- 1 cucharada de jugo de limón fresco
- 1 diente de ajo picado o molido
- sal y pimienta al gusto

Procedimiento:
Divida el aguacate en dos y remueva la semilla. Puede remover un poco del aguacate para que tenga suficiente espacio para colocar la ensalada de atún. En un tazón, coloque el atún, la cebolla, el pimiento, el ajo y la mayonesa. Mezcle hasta que quede todo bien incorporado. En este punto sazone al gusto, añada el sobrante de aguacate que se removió para hacer espacio para la ensalada y vuelva a mezclar. Coloque el aguacate en un plato y vierta la ensalada de atún en la cavidad del aguacate. Puede decorar con unas hojitas de cilantrillo o tomate. Sirva frío.

Ensalada de antipasto

Ingredientes:
- 2 tazas de coliflor cruda, picada en trozos pequeños
- ½ taza de cebolla morada
- ½ taza de corazones de alcachofas, picados
- ⅓ taza de albahaca fresca, picada
- ½ taza de queso parmesano rallado
- 3 cucharadas de tomates secados al sol, picadas
- 3 cucharadas de aceitunas kalamata, picadas
- 1 diente de ajo picado
- 3 cucharadas de vinagre balsámico
- 3 cucharadas de aceite de oliva extra virgen
- sal y pimienta al gusto

Procedimiento:
Corte todos los ingredientes en trozos pequeños. En un tazón grande, mezcle todos los ingredientes y sazone con sal y pimienta al gusto.

Ensalada de brócoli al fresco

· Servicio para 3 a 4 personas

Ingredientes:
- 6 tazas de brócoli
- ½ taza de radicchio o repollo morado
- ¼ taza de almendras rebanadas

Para el aderezo:
- 1 cucharada de ralladura de mandarina
- 1 cucharada de jengibre fresco picado
- 3 cucharadas de aceite de aguacate o de oliva
- 2 cucharadas de vinagre de vino tinto o de manzana
- ¼ taza de mayonesa baja en grasa (light)
- 1 sobre de sucralosa o estevia
- ¼ de cucharadita de sal

Procedimiento:
En un tazón mediano, combine todos los ingredientes del aderezo hasta que queden bien combinados. En otro tazón grande, mezcle el resto de los ingredientes, añada el aderezo, combine y disfrute.

Ensalada de camarones

Ingredientes:
- 6 tazas de lechuga romana
- ½ taza de cebollín picado
- ¼ de taza de cilantro picado
- ¼ taza de rábanos en rodajas o fileteados

Para la salsa:
- ⅓ taza de mayonesa baja en grasa (light)
- ½ pimiento rojo asado
- 2 sobres de sucralosa o estevia
- 2 cucharadas de vinagre de vino de arroz sin azúcar
- ¼ cucharadita de ajo en polvo

Para los camarones:
- 1 huevo

- 1 libra de camarones grandes, pelados y descongelados
- ½ taza de harina de coco
- ½ cucharadita de sal
- ½ cucharadita de jengibre en polvo (seco)
- ¼ cucharadita de ajo en polvo
- aceite de coco para freír

Procedimiento:

En un tazón mediano, combine todos los ingredientes del aderezo hasta que queden bien combinados. En un tazón grande, mezcle todos los ingredientes de la ensalada y guarde en el refrigerador. En un tazón pequeño, bata un huevo. En otro tazón, mezcle la harina de coco, la sal, el jengibre y el ajo para preparar la mezcla que usará para cubrir los camarones. Sumerja los camarones en el huevo batido y luego cúbralos de la harina de coco. Una vez estén empanados todos los camarones, fría en el aceite de coco hasta que estén cocidos. Combine la ensalada con los camarones y rocíe con el aderezo.

Ensalada Caprese

- Servicio para 2 personas

Ingredientes:
- 1 tomate maduro, picado en rebanadas
- 5 rebanadas de queso mozzarella fresco
- un puñado de albahaca fresca
- 2 cucharadas de aceitunas negras (opcional)

Para el aderezo:
- ¼ taza vinagre balsámico
- 3 cucharadas de aceite de oliva
- sal y pimienta al gusto

Procedimiento:

Rebane el queso mozzarrella y el tomate en lascas. En un plato, coloque el tomate, las hojas sueltas de albaca y el queso de forma que se intercalen alternadamente. Añada el aderezo.

Ensalada cremosa de camarones

• Servicio para 2 personas

Ingredientes:
- 5 tazas de coliflor
- 2 tazas camarones grandes cocidos (aproximadamente 1 libra en forma refrigerada y se cortan por la mitad)
- ⅓ taza de apio picado
- ½ taza de aceitunas negras en rodajas
- 1 cucharada de perejil fresco picado
- ½ zanahoria rallada (opcional)

Para el aderezo:
- ½ taza de mayonesa baja en grasa
  o ½ taza de queso crema suavizado
- 2 cucharadas de jugo de limón
- 2 sobres de sucralosa o estevia
- 1 cucharadita de vinagre de sidra de manzana
- ¼ de cucharadita de sal
- ⅛ cucharadita de pimienta negra

Procedimiento:
En un tazón mediano, combine todos los ingredientes del aderezo hasta que queden bien combinados. Prepare las cinco tazas de coliflor al vapor y luego refrigérelas por cuatro horas. De igual manera, cocine los camarones picados a la mitad y luego refrigérelos. En un tazón grande, coloque la coliflor fría y los camarones grandes. Luego, mezcle el resto de los ingredientes con la coliflor y los camarones. Añada el aderezo y combine hasta que todos los vegetales y camarones queden cubiertos del aderezo.

Ensalada de espárragos

Ingredientes:
- 2 tazas de espárragos frescos
- ½ taza de "baby tomatoes" o tomates cherry
- 3 huevos hervidos
- 4 cucharadas de salsa pesto
- sal y pimienta al gusto
- 2 cucharadas de aceite de oliva

Procedimiento:
En una cacerola mediana, coloque los espárragos y cubra de agua. Hierva los espárragos por cuatro minutos, a fuego medio, hasta que estén al dente*. Drene el agua de los espárragos y luego saltee todos los ingredientes en aceite de oliva. Aderece con salsa pesto. Se puede consumir caliente o frío.

*al dente: quiere decir que estando cocido tiene una textura firme.

Ensalada de fajita de churrasco

Ingredientes:
- 8 onzas de churrasco cocido a su gusto, en tiras
- 2 tazas de lechuga romana
- ½ taza de rúcula bebé
- ¼ cebolla roja, cortada en rodajas finas

Para el aderezo:
- 2 onzas de vinagre de vino tinto
- 2 tazas de tomates secados al sol
- jugo de un limón fresco
- 1 cucharada de orégano seco
- 1 onza de aceite de oliva virgen
- ¼ aguacate en rebanadas

Procedimiento:
En un tazón mediano, combine todos los ingredientes del aderezo hasta que queden bien mezclados. En un tazón grande, mezcle todos los ingredientes de la ensalada, menos las fajitas de churrasco. Coloque la ensalada en el plato y, sobre la ensalada, las piezas de churrasco. Aderece.

Ensalada griega rústica

Ingredientes:
- 1 tomate mediano
- 1 pepino grande
- ½ cebolla morada
- 1 taza de queso feta en cubos
- 1 taza de aceitunas kalamata
- 1 pimiento mediano

Para el aderezo:
- 1 cucharada de bayas de alcaparras
- sal y pimienta al gusto
- ½ cucharada de orégano
- ¼ taza de aceite de oliva
- jugo de un limón

Procedimiento:
En un tazón pequeño, coloque el aceite de oliva, el orégano, el jugo de limón, los alcaparrados, la sal y la pimienta. Mezcle bien hasta que emulsifique y cree un aderezo. Coloque el aderezo en el refrigerador. Corte todos los vegetales, menos las aceitunas, en cuadrados de más o menos el mismo tamaño. En un tazón grande, coloque todos los vegetales, el queso feta y el aderezo. Combine todos los ingredientes hasta que queden bien incorporados. Sirva la ensalada fría.

Ensalada de mariscos

Ingredientes:
- 2 onzas de pulpo cocido
- 2 onzas de camarones cocidos
- 2 onzas de calamares cocidos
- 2 onzas de mariscos mixtos cocidos
- ½ zanahoria en trozos

Para el aderezo:
- 2 cucharadas de perejil picado
- 1 diente de ajo picadito
- ¼ cebolla picadita o 2 cebollines verdes
- sal y pimienta al gusto
- jugo de un limón
- ¼ taza de aceite de oliva
- 4 cucharadas de vinagre de manzana

Procedimiento:
Mezcle todos los ingredientes del aderezo en una taza de medir. En un tazón grande, añada el aderezo a los mariscos y mezcle hasta que todos queden ligeramente cubiertos del aderezo. Refrigere por cuatro horas para que los mariscos se marinen y absorban los sabores del aderezo. Sirva con ensalada.

Ensalada de pollo dulce

· Servicio para 2 personas

Ingredientes:
- 2 tazas de repollo, lechuga romana, espinacas o kale
- 2 tazas de pepinos en rodajas (opcional)
- ½ taza de rodajas de cebollines
- ½ taza de rábanos cortados en juliana
- ¼ taza de cilantro, cortado en pedazos
- 2 cucharadas de semillas de sésamo (opcional)
- 2 tazas de pollo cocido desmenuzado o a la plancha
- 1 limón en ruedas (opcional)

Para el aderezo:
- 1 cucharadita de aceite de sésamo

- ⅓ taza de vinagre de manzana o vino tinto
- 1 cucharada de sucralosa o estevia
- 6 cucharadas de aceite de aguacate o de oliva
- ¼ cucharadita de mostaza
- jugo de un limón

Procedimiento:

En un tazón mediano, mezcle todos los ingredientes del aderezo hasta que queden bien combinados. En otro tazón grande, mezcle todos los ingredientes, menos las ruedas de limón, junto con el aderezo de la ensalada. Coloque la ensalada en un plato y decore con las ruedas de limón y las semillas de sésamo adicionales.

Ensalada de pollo mexicana

- Servicio para 2 personas

Ingredientes:
- 2 tazas de pollo cocido, picado
- 2 aguacates, pelados y picados
- 2 cebollines verdes, picados
- ¼ taza de cilantro, picado
- ¼ de taza de tocineta de pavo picada
- 1 taza lechuga romana

Para el aderezo:
- jugo de dos limones
- ¼ taza de mayonesa baja en grasa (light)
- 2 cucharaditas de comino molido
- ½ cucharadita de ajo en polvo
- 1 cucharadita de cilantro molido
- sal y pimienta al gusto

Procedimiento:

En un tazón mediano, mezcle todos los ingredientes del aderezo hasta que queden bien combinados. En otro tazón grande, mezcle todos los ingredientes y el aderezo de la ensalada. Coloque la ensalada en un plato y decore con lascas adicionales de aguacate.

Ensalada de pollo y fresas

Ingredientes:
- 120 gramos (5 onzas) de pechuga de pollo
- 3 tazas de lechuga y espinaca
- 3 fresas rebanadas
- 2 cucharadas de nueces
- 30 gramos (1 onza) de queso de cabra o queso feta
- 2 cucharaditas de aceite de oliva
- sal y pimienta al gusto

Para el aderezo:
- 1 cucharadita de semillas de ajonjolí o sésamo
- 4 cucharadas de vinagre de arroz
- 3 fresas limpias y picadas en cubitos pequeños
- ¼ taza de aceite de oliva
- ½ cucharada de estevia
- ¼ cucharadita de aceite de ajonjolí o sésamo
- ½ cucharadita de sal

Procedimiento:
Prepare el aderezo colocando todos los ingredientes en un tazón y combinándolos hasta que queden emulsificados. Sazone el pollo a su gusto con sal y pimienta. En una sartén mediana, coloque aceite de oliva y cocine la pechuga a fuego medio-alto. Cuando esté cocida, filetee la pechuga. Combine la lechuga con las espinacas y fresas y agréguele la pechuga picada. Decore con fresas, nueces y queso.

Ensalada de repollo morado

· Servicio para 4 personas

Ingredientes:
- 1 taza de manzanas "Granny Smith" verdes, picadas o cortadas en juliana
- 1 cucharada de jugo de limón
- 8 tazas de repollo violeta picado

Para el aderezo:
- puñado de menta o yerbabuena fresca picada
- ¼ de taza de aceite de aguacate o de oliva
- 2 cucharadas de vinagre de sidra de manzana
- 1 cucharada de sucralosa o estevia

Procedimiento:
En un tazón mediano, mezcle todos los ingredientes del aderezo hasta que queden bien combinados. En un tazón grande, mezcle todos los ingredientes de la ensalada con el aderezo y disfrute.

Ensalada de tomate, lechuga y tocino

· Servicio para 2 personas

Ingredientes:
- 4 tomates verdes
- ¼ de taza de harina de coco
- ½ cucharadita de sal
- ¼ cucharadita de pimienta negra
- 2 huevos
- ½ taza de harina de almendras
- ½ taza de queso parmesano
- ¼ de taza de aceite de coco que se usará para freír
- lascas de tocineta de pavo
- ½ aguacate en lascas
- ½ tomate maduro en ruedas
- 2 tazas de lechuga romana, arúgula, espinacas o kale

Procedimiento:

Lave y corte los tomates verdes en rodajas gruesas de media pulgada. En un tazón mediano, mezcle la harina de coco, la sal y la pimienta. Mezcle las rodajas de tomate en la harina de coco hasta que estén completamente cubiertas. Mientras tanto, en un tazón pequeño, bata los dos huevos. En un recipiente aparte, mezcle la harina de almendras y el queso parmesano. Caliente el aceite en una sartén antiadherente. Sumerja los tomates revestidos de la harina de coco en el huevo y luego en la mezcla de harina de almendras y queso parmesano. Asegúrese de que están recubiertos por completo en ambos lados. Fría en aceite de coco hasta que estén dorados. Sirva caliente, con lechuga, tocineta de pavo, aguacate, tomates maduros y cualquier otra cosa que desee agregar, que sea bajo en carbohidratos.

Festival de vegetales

Ingredientes:

Vegetales duros sin almidón:
- 1 taza de brócoli
- 1 taza de pimiento rojo
- 1 taza de coliflor
- 1 taza de espárragos frescos
- 1 taza de repollo
- 1 taza de zanahoria
- ½ taza de cebolla blanca
- ½ taza de cebolla lila

Para el aderezo:
- 1 taza de aceite de oliva
- ½ taza de vinagre de vino blanco
- 1 cucharadita de sal kosher

Procedimiento:

Lave, pele los vegetales y córtelos en trozos pequeños. Eche los vegetales en un envase grande. En un tazón, mezcle el aceite, el vinagre y la sal. Vierta el aderezo sobre los vegetales y mézclelos. Puede añadir otros vegetales duros como celery (apio), si le gusta. Esta ensalada dura cinco días en el refrigerador sin dañarse. Puede comerse cruda con lechuga, tomate, pepinillos, setas o aguacate.

Variaciones calientes: saltee para rellenar un chayote o pimientos con carne y queso.

Serenata de bacalao

Ingredientes:
- 1 libra de bacalao (desalado)
- 1 papa
- ¾ taza de aceite de oliva aproximadamente
- 1 cebolla blanca entera
- 2 tomates
- 2 huevos

Procedimiento:
Llene una olla mediana de agua. Remueva la cáscara de la papa y córtela en cuadritos medianos. Ponga a hervir el bacalao desalado, las papas y los huevos por 20 minutos. Corte la cebolla en rebanadas finas y saltéelas con el aceite de oliva y el filete de bacalao. Mientras se cocinan la cebolla y el bacalao, rebane tomates y corte los huevos en trozos pequeños. Cuando las cebollas estén transparentes, mezcle todos los ingredientes y sirva en un plato grande.

Aderezo de cilantro y limón

Ingredientes:
- ⅓ taza de aceite de oliva extra virgen
- ½ taza de yogur natural
- 1 cucharada de jugo de limón
- 2 dientes de ajo, picados
- 1 cucharada de vinagre blanco
- 1 manojo de cilantro fresco, picado en trozos
- 1 cucharadita de sal marina

Procedimiento:

Coloque todos los ingredientes (menos el aceite) en un procesador de alimentos o licuadora y licue hasta que quede suave. Continúe agregando aceite de oliva una cucharada a la vez, según sea necesario para crear un acabado suave. Puede almacenarlo en una botella o envase de cristal y refrigerarlo.

Aderezo fácil para ensalada

Ingredientes:
- ⅓ de taza de aceite de oliva
- 1 diente de ajo machacado
- 1 cucharada de zumo de limón
- ⅛ de cucharadita de sal
- 2 pizcas de pimienta negra
- 1 cucharada de queso parmesano rallado
- ¼ aguacate en rebanadas

Procedimiento:

Mezcle todos los ingredientes en una licuadora hasta que estén emulsificados. Puede almacenar en una botella o un envase de cristal y refrigerarla. Se puede mantener hasta por dos semanas en el refrigerador. ¡Es sabroso!

Salsa de barbacoa casera

Ingredientes:

- 1 diente de ajo
- 3 cucharadas de tomate concentrado
- 3 cucharadas de sirope de panqueques sin azúcar (puede añadir más sirope si desea la salsa con un sabor más dulce)
- 2 cucharadas de vinagre de vino tinto
- ½ cucharadita de sal
- ½ cucharadita de pimienta negra
- ½ cucharadita de paprika o paprika ahumada
- ½ cucharadita de salsa tabasco (opcional)

Procedimiento:

Mezcle todos los ingredientes y coloque la salsa en el refrigerador por dos horas antes de usar para que los aromas y sabores se unan. Disfrute sobre sus carnes favoritas.

Vinagreta de fresa

Ingredientes:

- 2 fresas frescas sin tallo
- 1 cucharadita de estevia
- una pizca de sal
- ½ taza de aceite de oliva
- ¼ taza de vinagre balsámico
- ½ cucharadita de jengibre en polvo (seco)
- ¼ cucharadita de ajo en polvo
- aceite de coco

Procedimiento:

Se mezcla todo muy bien y se puede mantener hasta por dos semanas refrigerado. Para mejores resultados la puede licuar. ¡Deliciosa!

• Ensaladas, aderezos y sopas

Sopas

Caldo de pescado criollo

Ingredientes:
- 2 filetes de pescado blanco de su predilección
- 1 litro de agua
- 2 dientes de ajo machacados
- ½ pimiento verde picado
- sal y pimienta al gusto
- ½ cebolla picada
- ½ tomate picado (si lo desea)
- 2 ajíes dulces
- 2 hojas de recao
- 2 cucharadas de aceite de coco

Procedimiento:
En una cacerola, hierva los filetes de pescado con la sal. Hiérvalos muy bien y deje reposar. En otra cacerola, prepare un sofrito con el aceite de coco, los ajíes dulces, el pimiento, el ajo, el tomate y el recao. Añada el caldo con el pescado al sofrito, tape y deje a fuego lento (casi apagado), durante 15 minutos. Sirva caliente. Opcionalmente, puede añadir mariscos de su predilección.

Crema de queso cheddar

Ingredientes:
- 1 taza de caldo de pollo o vegetales
- 1 taza de crema de leche o "heavy cream"
- 4 onzas de queso cheddar (rallado)
- ½ cucharada de paprika
- sal y pimienta al gusto

Procedimiento:
Mezcle todos los ingredientes en una cacerola. Cocine a fuego medio, moviendo la mezcla con un batidor de mano. Cocine hasta que el queso se derrita

y se incorpore a los líquidos, hasta alcanzar la consistencia deseada. Puede incluir otros tipos de queso.

Sopa cremosa de brócoli y queso

Ingredientes:

- 4 cucharadas de mantequilla
- 2 cucharadas de aceite de oliva extra virgen
- 3 tazas de caldo de pollo
- sal y pimienta al gusto
- 4 tazas de brócoli cortado en trozos
- 1½ tazas de crema espesa (heavy cream)
- 8 onzas de queso (puede ser mozarrella, queso crema o cheddar bajo en grasa)

Procedimiento:

En una olla grande, derrita la mantequilla con el aceite de oliva, a fuego moderado. Vierta el caldo de pollo, la sal y la pimienta. También puede añadirle una cucharada de sofrito casero. Añada el brócoli y continúe cocinando a fuego lento, hasta que esté tierno, aproximadamente 15 minutos. Añada la crema y el queso.

Reduzca el fuego a medio-bajo y cocine sin tapar, hasta que espese, aproximadamente 20 minutos. Si desea una textura cremosa en su sopa, procese, después de lista la sopa, con una licuadora, batidora por inmersión o procesador de alimentos. Puede añadir un poco más de caldo si está muy espesa, el espesor dependerá del queso. Sírvala caliente y tope con queso rallado.

Platos Principales

Alambres de pollo

Ingredientes:
- 120 gramos (5 onzas) de pechuga de pollo rebanada en trozos pequeños
- ½ taza de chile poblano
- ½ taza de pimientos
- ½ taza de cebolla
- ½ taza de champiñones
- ½ taza de queso asadero
- 3 onzas de tocineta o tocineta de pavo

Procedimiento:
En una sartén grande, cueza la cebolla y la tocineta de pavo con aceite de coco. Agregue el pollo y el chile poblano fileteados. Agregue los champiñones, los pimientos rebanados y la sal y pimienta al gusto. Ya que esté cocido, agregue el queso deshebrado para gratinar hasta que quede bien derretido.

Caderitas de pollo con coles de bruselas

Ingredientes:
- 2 caderitas de pollo deshuesadas
- 1 cucharadita de sal de ajo con perejil
- ½ cucharadita de orégano seco
- 2 cucharaditas de aceite de oliva
- ½ taza de vino de cocinar sin sal
- 2 ruedas de cebolla blanca
- 1 taza de coles de bruselas frescas o congeladas
- ½ cucharadita de sal

Procedimiento:

En un tazón pequeño, mezcle la sal de ajo con una cucharadita de aceite de oliva y el orégano seco. Frote las caderitas con la mezcla y colóquelas en una cacerola que tenga la tapa pesada. En un tazón aparte, eche las colecitas de bruselas lavadas y cortadas a la mitad. Eche la otra cucharadita de aceite y la media cucharadita de sal y mezcle. Coloque las coles de bruselas sobre el pollo. Coloque las ruedas de cebolla encima y añada el vino. Cocine a fuego mediano, bien tapado por 20 a 25 minutos.

Chayotes rellenos de pavo

Ingredientes:

- 2 a 3 chayotes
- 12 onzas de carne molida de pavo
- 2 cebollas medianas picadas en cubitos
- 2 pimientos medianos
- 12 onzas de tomate triturado
- sal
- pimienta negra
- aceite de oliva virgen
- queso rallado

Procedimiento:

Limpie los chayotes y córtelos longitudinalmente en dos. Remueva la semilla del centro y coloque los chayotes en una olla o caldero y cubra con agua. Agregue sal al agua y cocine hasta que queden suaves. Una vez se enfríen lo suficiente para manejar, remueva la pulpa con cuidado con una cuchara, dejando las pieles con un buen grosor, lo suficiente para que no se abran y tengan un poco de consistencia para rellenarlas. En una sartén grande, coloque las cebollas y los pimientos con el aceite y la carne molida de pavo. Cuando los trozos de cebolla estén trasparentes y el pimiento suave, coloque la pulpa del chayote cortada en cubitos, los tomates triturados y sazone al gusto con sal y pimienta. Una vez cocida la carne y espesada la mezcla, coloque el relleno dentro de los chayotes y cubra de queso. Coloque en el horno hasta que el queso se derrita. Sirva con una ensalada.

Entomatadas

Ingredientes:
- 1 tortilla de maíz (Alimento E)
- 4 cucharaditas de queso panela rallado
- ½ taza de pollo cocido desmenuzado
- ½ taza de salsa de tomate natural
- 2 cucharaditas de crema
- 3 rebanadas de aguacate

Procedimiento:
Cueza el pollo en agua hirviendo, con sal y un trozo de cebolla. Ya cocido, desmenuce el pollo. Caliente la tortilla y coloque el pollo en medio de la tortilla y dóblela. Al servir, esparza el queso panela encima y báñelas con la salsa de tomate caliente. Adórnelas colocándoles la crema y las rebanadas de aguacate, y sirva con una ensalada.

Higaditos de pollo Rumaki

Ingredientes:
- 1 libra de higaditos de pollo
- 4 lascas de tocineta
- 1 cucharada de ajo en polvo
- ¼ taza de cebolla picadita
- ¼ taza de "water chestnuts" picados (castañas de agua)

Procedimiento:
Coloque los higaditos en un tazón grande y profundo, y cubra con mucha agua. Mueva para enjuagar y deseche el agua. Eche el ajo en polvo sobre los higaditos. Mezcle y deje reposar. Dore la tocineta, sáquela y reserve. En la grasa de la tocineta, eche la cebolla y saltee. Eche los "water chestnuts" y los higaditos. Cocine a fuego moderado por 10 minutos. Eche la tocineta picadita, mezcle y sirva.

Pechuga a la plancha con champiñones

Ingredientes:
- 4 onzas (120 gramos) de pechuga de pollo
- 1 taza de champiñones fileteados
- 1 taza de lechuga
- 1 taza de espinacas
- 2 cucharaditas de crema
- sal y pimienta al gusto
- hierbas de olor al gusto
- aceite de oliva

Procedimiento:
En una licuadora o en un procesador de alimentos, licue la crema, la espinaca y la sal. En una sartén, cocine la pechuga con el aceite, sal y pimienta, a fuego bajo por unos 10 minutos. Añada la salsa de espinacas, los champiñones, las hierbas y cocine unos 5 a 10 minutos, para que los sabores se unan y el pollo esté bien cocido. Sirva la pechuga acompañada con una ensalada a base de lechuga, sal y un poco de aceite de oliva.

Pechuga rellena de queso y tomates secos

Ingredientes:
- 2 pechugas de pollo grandes deshuesadas
- 1 cucharada de sal de ajo con perejil
- 1 cucharada de aceite de oliva
- ½ taza de tomates secos picaditos, previamente remojados en agua y escurridos
- 4 onzas de queso blanco del país, desmoronado
- 4 hojas de albahaca fresca lavada y picadita
- 2 lascas de tocineta
- 1 cucharada de aceite de coco

Procedimiento:
Corte las pechugas en estilo mariposa y que queden finas. En un tazón mediano, mezcle el aceite con la sal de ajo. Frote las pechugas con esta

mezcla. Mezcle los tomates con el queso blanco y la albahaca. Coloque sobre cada pechuga la mitad de la mezcla. Enrolle bien apretada. Envuelva la pechuga rellena con una lasca de tocineta. En un molde para hornear engrasado con aceite de coco, cocine tapado por 20 minutos a 350° F.

Pechuga sabrosa

Ingredientes:
- 2 pechugas grandes deshuesadas, abiertas estilo mariposa
- 1 cucharada de adobo
- 2 cucharaditas de aceite de oliva
- 2 cucharadas de mayonesa regular
- 4 cucharadas de queso parmesano rallado
- 2 cucharaditas de harina de almendras

Procedimiento:
En un tazón pequeño, mezcle el adobo con el aceite y frote las pechugas hasta que queden completamente cubiertas de la mezcla. Prepare un molde para hornear, engrasando previamente con aceite de coco y coloque las pechugas. En otro tazón pequeño, mezcle la mayonesa con el queso parmesano. Eche la mitad de mezcla sobre cada pechuga y esparza para que las cubra. Espolvoree una cucharadita de la harina de almendras sobre cada pechuga. Hornee a 325° F de 20 a 25 minutos.

Pollo con nopales en chile de cascabel

Ingredientes:
- 1 muslo de pollo
- 2 piezas de nopal cocinadas
- 1 tomate
- ¼ pieza de cebolla
- 2 dientes de ajo
- 2 ramitas de cilantro
- ½ taza de queso panela en cuadritos
- 1 pieza de chile cascabel

Procedimiento:
Cocine el pollo en agua suficiente con un trozo de cebolla, un diente de ajo y una ramita de cilantro. Cuando esté listo, retire y cuele el caldo. Ase el chile, el tomate, la cebolla y el ajo en un comal * (puede sustituir por una sartén grande de hierro fundido). Licue el chile y los vegetales junto con la otra rama de cilantro, dos tazas del caldo, sal y pimienta hasta que quede una salsa sin grumos. Cuele y saltee la salsa en un poco de aceite de oliva hasta que hierva. Añada los nopales cortados en tiras y el pollo. Cocine a fuego medio. Al momento de servir, agregue el queso panela.

La palabra comal (nahuatlismo de comalli) se utiliza en México y Centroamérica para referirse a un recipiente de cocina tradicional usado como plancha para cocción. En Venezuela esa plancha se denomina budare.

Quesadilla mexicana

· 12 gramos de carbohidratos por porción

Ingredientes:
- 2 plantillas bajas en carbohidratos (disponibles en NaturalSlim®)
- ¼ a ½ taza de queso rallado bajo en grasa
- pechuga de pollo o steak, cortado en tiras

Procedimiento:
Coloque el queso con las tiras de pollo o steak sobre la plantilla. Puede añadir vegetales al gusto como cebolla, pimiento y tomates. Coloque entonces la segunda plantilla por encima. Caliente una sartén y ponga a fuego lento las plantillas rellenas, espere a dorar por ambos lados. Retire del fuego y corte en triángulos. Puede servir con guacamole, pico de gallo y sour cream (crema agria).

Sincronizada de nopal

Ingredientes:
- 2 piezas medianas de nopales
- 1 rebanada de queso panela
- 1 rebanada de jamón de pavo
- 1 cucharadita de aceite de oliva
- hojas secas de orégano al gusto
- palillos de madera

Procedimiento:
En una pieza de nopal, ya sea cocida (en agua con ajo y sal) o asada previamente, coloque una rebanada de jamón y otra de queso. Tape con la otra pieza de nopal. Una la sincronizada con palillos de madera. Al final se puede bañar con una salsa de tomate o tomatillo. Agregue las hojas secas de orégano.

Pasteles de Puerto Rico

Foto: Juan Silva/Getty Images

- Porción para 12 pasteles* pequeños

Ingredientes:
- 2 tazas de harina Glucotein™
- 1 taza y 2 cucharadas de agua (según necesite, añada más agua)
- 1 cucharada de aceite de coco con achiote
- 1 cucharadita de sal
- ½ cucharadita de adobo**
- 1 libra de pollo o cerdo, guisado a su gusto
- 12 aceitunas (opcional)
- hojas de guineo*** (bananas) limpias y amortiguadas
- hojas de papel para pasteles
- hilo para pasteles

Para el aceite de achiote:
- ½ taza de aceite de aguacate o coco
- ¼ taza de semillas de achiote (annatto)

Caliente el aceite en una cacerola a temperatura baja. Agregue las semillas de achiote y deje a fuego bajo hasta que el aceite alcance un color anaranjado rojizo. Este proceso tardará alrededor de 10 a 15 minutos, moviéndolo ocasionalmente con una cuchara. Retírelo de la hornilla, déjelo enfriar, cuélelo y almacénelo en un envase, preferiblemente de cristal, en la nevera. La mezcla de aceite puede durar varios meses. También lo puede mantener en un área fresca de la cocina. Recuerde, cuando use el aceite de achiote, no agregue otro tipo de grasa o colorante a sus guisos o arroces. Así evitará que los alimentos le queden muy grasos, muy rojos o sazonados.

Procedimiento de los pasteles:

En un tazón grande, coloque las 2 tazas de harina de almidones resistentes Glucotein. Incorpore el agua en pequeñas porciones hasta que la masa quede con una consistencia líquida semi-espesa. Añada la sal, el adobo y la cucharada de aceite con achiote. En este punto puede probar el sabor de la masa y sazonar a gusto si cree que necesita más sabor.

Prepare la hoja de papel para pasteles y coloque la hoja de guineo sobre la misma. Moje la hoja de guineo sólo un poco con el aceite con achiote para evitar que se pegue la masa a la hoja. Coloque entonces 1 cucharada de la masa y sobre ésta la carne y las aceitunas. Envuelva el pastel con la hoja de guineo y la hoja de papel y amárrelo con el hilo.

Si no cocinará los pasteles al momento, puede colocarlos en el refrigerador y congelarlos. Para cocinar los pasteles, colóquelos en una cacerola grande con abundante agua hirviendo, por alrededor de 15 a 20 mininutos. Disfrute caliente.

Los pasteles son un plato de origen indígena mesoamericano que es consumido alrededor de toda América Latina, aunque se les conoce con diferentes nombres, dependiendo de la región; en Puerto Rico y República Dominicana se les conoce como pasteles, en México se les llama tamales y en Venezuela hallacas. Básicamente están hechos de una masa de maíz, yautía o guineo verde, rellena de diferentes tipos de carnes y condimentos, cada región o país teniendo su versión muy típica y diferente del mismo. Generalmente se envuelven en hojas de plátano o bananas y se hierven.

**El adobo es una mezcla en polvo de sal con diversas especias que pueden incluir orégano, ajo, perejil, pimentón y pimienta, entre otras y dependiendo del país o región donde se prepara. Se utiliza principalmente para condimentar las carnes o alimentos. También se le conoce como sal condimentada.*

***guineo: en Puerto Rico se le llama así la banana, que es la fruta dulce. En otros países de le conoce como banano, plátano o cambur.*

Bacalao con repollo

Ingredientes:
- 2 libras de bacalao desalado y sin espinas
- 2 tazas de repollo blanco picadito
- 1 taza de cebolla picadita
- 1 zanahoria rallada (opcional)
- 3 dientes de ajo picados
- ½ taza de aceite de oliva
- 2 cucharadas de cilantrillo picado
- sal al gusto

Procedimiento:
En una cacerola amplia, eche el aceite de oliva y caliente. Añada la cebolla y saltee. Añada el ajo y el repollo. Mezcle y cocine de 5 a 7 minutos. Eche el bacalao desmenuzado y cocine por dos minutos más. Eche el cilantrillo, sazone a su gusto y sirva enseguida.

Berenjena rellena de bacalao

Ingredientes:
- un par de berenjenas grandes
- 12 onzas de bacalao hervido y desalado
- 2 cebollas medianas picadas en cubitos
- 2 pimientos medianos
- 12 onzas de tomate triturado
- sal
- pimienta negra
- aceite de oliva virgen
- queso rallado

Procedimiento:
Limpie las berenjenas y córtelas en dos.

Colóquelas en una bandeja de hornear, cubra con un poco de aceite de oliva o aceite de coco y cocine a 350º F por unos 15 minutos. Cuando las berenjenas estén algo suaves, retírelas del horno, dejándolas enfriar completamente. Entonces, saque la pulpa con cuidado, dejando las pieles con un buen grosor, lo suficiente para que no se abran y tengan un poco de consistencia para rellenarlas. Vuelva a colocar las berenjenas en la bandeja para hornear. En una sartén grande, coloque las cebollas y los pimientos con el aceite. Añada un poco de sal, por encima, para ayudar al proceso. Cuando los trozos de cebolla estén trasparentes y el pimiento suave, coloque la pulpa de la berenjena cortada en cubitos y sazone a gusto con sal y pimienta. Mantenga a fuego medio y removiendo ocasionalmente e incorpore el bacalao y el tomate triturado. Deje a fuego lento por unos 15 a 20 minutos para que se evapore un poco el agua de los tomates y se mezclen bien todos los sabores de los ingredientes. Ponga el relleno dentro de las berenjenas, cúbralas de queso y colóquelas en el horno hasta que el queso se derrita. Sirva con una ensalada.

Cacerola de atún y chayote

Ingredientes:

- 100 gramos o 3.5 onzas de atún
- ¼ taza de chayote cocido y picado en cubos pequeños
- 3 piezas de champiñones rebanados
- ¼ taza de cebolla
- ½ pieza de tomate
- 1 diente de ajo picado
- 2 cucharaditas de crema de leche
- ½ taza de queso mozarella
- 2 cucharaditas de aceite de coco
- perejil al gusto
- sal y pimienta al gusto

Procedimiento:

Precaliente el horno a 350º F. En un tazón grande, coloque el atún y desmenúcelo. En una sartén mediana, añada una cucharadita del aceite de coco, el atún, los champiñones, la cebolla, el ajo, el tomate en cuadritos, sal y pimienta al gusto y saltee hasta que todo esté bien incorporado. Añada a la mezcla de atún, el chayote y la crema, y mezcle con cuidado de no romper el chayote previamente cocido. Coloque en un molde pequeño para hornear previamente engrasado con el aceite de coco restante, coloque la mezcla de atún y chayote, cubra con queso mozzarella y perejil, y hornee unos 10 a 15 minutos o hasta que el queso se derrita y quede levemente tostado. Sirva caliente.

Camarones al ajo con tallarines de calabacín

Ingredientes:
- ½ libra de camarones limpios
- 1 calabacín mediano y procesado en una máquina de hacer tallarines de vegetales
- 2 dientes de ajo picados
- ¼ taza de caldo de pollo
- 2 cucharadas de jugo de limón fresco
- 2 cucharadas de cebollines frescos picados
- 2 cucharadas de aceite de coco
- sal marina y pimienta negra al gusto

Procedimiento:
En una sartén grande, coloque el aceite de coco. Saltee todos los ingredientes menos los camarones, a fuego alto. Luego, reduzca el fuego para que los tallarines se vuelvan tiernos. Agregue los camarones y cocine a fuego alto por tres a cuatro minutos.

*Los tallarines son un tipo de pasta alargada y fina. En este caso, en vez de hacerlos de harina, se hacen con el calabacín.

Ceviche de atún blanco

Ingredientes:
- ½ lata de atún blanco
- ¼ taza de cilantro
- ¼ pieza de cebolla
- 1 pieza de tomate
- jugo de dos limones
- sal y ajo en polvo al gusto

Procedimiento:
Corte la cebolla y el tomate en cuadritos. Revuelva el atún con la cebolla, el tomate, el cilantro y el jugo de limón. Agregue sal y ajo en polvo, y revuelva.

Lasaña de zucchini o berenjena

Ingredientes:

- 4 a 6 filetes de tilapia o de pescado blanco
- 1 cebolla picada
- ½ libra de camarones sin piel, previamente cocidos
- 1 tomate pequeño, picado
- 2 zucchinis o calabacín verde,
  (cortados en finas lascas a lo largo o en rodajas) o
  2 berenjenas (cortadas a lo largo o en rodajas)
- 1 taza de "heavy cream"
- aceite de oliva
- aceite de coco
- sal y pimienta al gusto
- hierbas criollas al gusto
- 1 taza de queso blanco bajo en sal y grasa

Procedimiento:

En una sartén, prepare el pescado con el aceite de oliva, la cebolla y el tomate, y cocínelo de la manera que más le guste. Desmenúcelo y añada hierbas criollas para darle gusto.

Si utiliza la berenjena para su receta, en una sartén aparte, saltee la berenjena en un poco de aceite de coco para que eliminen el exceso de líquido ya que esto podría estropear su receta. Si utiliza zucchini o calabacín verde no es necesario este paso.

Una vez cocido el pescado y la berenjena, puede incorporar a la mezcla los camarones y la taza de "heavy cream" con un poco del aceite de oliva al sartén y deje a fuego muy lento para que espese la crema en la preparación (puede sustituir la crema por salsa de tomate si desea hacer una lasaña más criolla).

Engrase un molde para lasaña mediano con aceite de coco. Coloque las lascas de zucchini o berenjena en el fondo, luego coloque parte de la preparación del pescado, riegue un poco de queso, coloque otro piso de zucchini o berenjena y repita el proceso. Al final, en el último piso de lascas de zucchini o berenjena, coloque abundante queso. Hornee en un horno precalentado a 350º F, por alrededor de 20 minutos. Deje reposar y listo.

Pescado a la plancha con pimiento

Ingredientes:

- 120 gramos o 4 onzas de filete de pescado
- ¼ de taza de cebolla
- 1 pimiento morrón en tiras
- 1 taza de lechuga
- 1 tomate
- jugo de un limón
- 1 diente de ajo
- 2 cucharaditas de aceite de oliva
- sal y pimienta al gusto

Procedimiento:

En una sartén grande con el aceite de oliva, saltee la cebolla, el ajo y el pimiento en tiras. Reserve. En ese mismo aceite, dore el filete previamente sazonado con sal, pimienta y limón. Prepare una ensalada con lechuga y tomate, y disfrute.

Pescado con vegetales

Ingredientes:

- 120 gramos o 4 onzas de filete de pescado
- ¼ de taza de tomate
- ¼ de taza de cebolla
- ½ taza de calabacín verde o zucchini
- 2 cucharaditas de aceite de oliva
- jugo de un limón
- sal, ajo y pimienta al gusto
- papel de aluminio

Procedimiento:

Corte los vegetales en cuadritos. Unte el aceite en un pedazo de papel de aluminio o papel de hornear. Agregue el filete sazonado con sal, ajo, pimienta y limón. Añada los vegetales cortados, envuelva y coloque en el horno a 400º F, por unos 15 a 20 minutos, hasta que el filete y los vegetales estén cocidos.

Pescado empanado con queso parmesano

Ingredientes:
- 4 filetes de pescado blanco
- 1 taza de queso parmesano
- ½ taza de harina de almendras
- ½ cucharadita de polvo de ajo
- ½ cucharadita de cebolla en polvo
- 1 cucharadita de paprika
- 1 huevo
- sal y pimienta al gusto

Procedimiento:
Precaliente el horno a 350º F. En un tazón grande, mezcle el queso, la harina de almendras y las especias. En un tazón mediano, bata el huevo. Coloque los filetes de pescado en papel secante y trate de secarlos lo mejor posible. Esto ayudará a que se adhiera el huevo. Pase el pescado por el huevo batido y luego por la mezcla de queso y especias. Colóquelos en una bandeja de hornear cubierta con papel pergamino. Hornee unos 20 a 25 minutos, dependiendo del grosor de los filetes. Una vez estén cocidos por completo y el empanado esté dorado, puede removerlos del horno y disfrutar.

Pescado a la paprika

Ingredientes:
- 1 filete de pescado de 6 a 8 onzas
- 2 cucharadas de aceite de coco
- ½ cucharadita de sal
- 1 cucharadita de "prepared horseradish"*
- 1 cucharadita de ajo en polvo
- 1 cucharada de paprika molida

Procedimiento:
En un tazón pequeño, mezcle una cucharada de aceite de coco, la sal, el "prepared horseradish" y el ajo en polvo. Frote el filete de

pescado por ambos lados. Deje marinar por media hora. En una sartén antiadherente, eche la otra cucharada del aceite de coco. Cuando esté caliente, coloque el filete de pescado. Espolvoree media cucharada de paprika por encima, bien distribuida. Deje cocinar por tres minutos a fuego moderado. Voltee y espolvoree la otra media cucharada de paprika sobre el pescado. Cocine de tres a cuatro minutos. Vuelva a voltear. Deje dorar por dos minutos más. Sirva enseguida.

*El "prepared horseradish" es una crema de rábano rallado que se consigue en la sección de las mostazas. Son unos frasquitos pequeños de cristal. Viene "HOT" (picante) y "MILD" que es suave. Cuidado con esta crema si no le gusta el picante. Va muy bien con todo tipo de pescados y mariscos.

Tacos Tipo A de atún

Ingredientes:
- 100 gramos o 3.5 onzas de atún
- ½ tomate en cuadritos
- ¼ de taza de cebolla
- 1 pimiento morrón en tiras
- hojas de lechuga
- ½ pepino
- 1 cucharadita de aceite

Procedimiento:
En una sartén, saltee la cebolla hasta que esté transparente. Añada los pimientos y el tomate y cocine durante cinco minutos. Incorpore el atún. En las hojas de lechuga, coloque la mezcla de atún. Acompañe con crema y una ensalada de pepino y queso panela.

Albóndigas con champiñones en salsa verde

Ingredientes:

- 100 gramos o 3.5 onzas de carne molida
- 1 huevo
- ⅓ taza de calabacín o zucchini
- 1 pieza de chile serrano
- 3 piezas de tomatillo*
- ½ diente de ajo
- sal y pimienta al gusto
- aceite de coco

Procedimiento:

En un recipiente, combine la carne con el huevo, la sal y la pimienta. Tome porciones de la mezcla de carne y huevo y forme albóndigas del tamaño deseado. En una sartén, fríalas en aceite de coco hasta que comiencen a dorar; escúrralas. En una sartén aparte, cocine el tomatillo con el chile. Ya cocidos, licue con agua, sal y ajo. En una sartén, coloque la salsa, agregue las albóndigas y los calabacines cortados en cuadritos. Deje a fuego bajo hasta que el calabacín esté suave y la salsa espese.

*El tomatillo es originario de México. Es pequeño, de color verde y tiene un tipo de envoltura de hojas. Se utiliza mucho para las salsas verdes.

Bistec al albañil

Ingredientes:

- 120 gramos o 4 onzas de bistec cortado en tiras
- 2 piezas de nopales cocidos y cortados en cuadritos
- ¼ pieza de cebolla
- 1 pieza de chile habanero (opcional)
- sal y ajo al gusto
- aceite de oliva

Procedimiento:

En una sartén grande, a fuego mediano, dore la cebolla y agregue la carne con sal y ajo hasta que se haya cocido. Añada los nopales, ya cocidos, y el chile habanero fileteado. Deje a fuego bajo hasta que se mezclen los sabores.

Salpicón

Ingredientes:
- 100 gramos o 3.5 onzas de falda de res
- ½ taza de lechuga
- 1 tomate
- ¼ taza de cebolla
- 1 diente de ajo
- vinagre al gusto
- jugo de un limón
- ¼ de pieza de aguacate

Procedimiento:

En una cacerola, cocine la carne con agua, sal y cebolla. Una vez lista la carne, desmenúcela. Corte la lechuga, el tomate, la cebolla, revuelva y agregue el limón, la sal y el vinagre. Mezcle lo anterior con la carne desmenuzada. Decore con rebanadas de aguacate.

Chayote verde relleno

Ingredientes:
- 1 chayote verde grande
- ¾ libra de carne de res molida
- ½ cebolla mediana picadita
- 1 diente de ajo picadito
- ½ cucharadita de sal
- 1 cucharadita de orégano seco en hojitas
- 1 cucharadita de aceite de oliva
- ¼ taza de vino de cocinar sin sal
- 1 cucharada de cilantrillo picadito
- 4 onzas de queso mozzarella rallado

Procedimiento:

Corte las espinas de la cáscara del chayote con unas tijeritas de cocina. Lávelo bien con un cepillo. Córtelo en dos mitades, lo más iguales posible. En un olla o caldero con agua abundante y una pizca de sal, coloque los chayotes a fuego medio alto. Cuando estén blandos, escurra el agua y deje que se enfríen. Eche la carne molida en una cacerola y cúbrala con agua mezclando bien. Ponga a hervir. Siga revolviéndola y cuando comience el hervor apague la hornilla. Cuele toda el agua y reserve la carne. En una cacerola, eche la cebolla con el aceite de oliva y saltee. Eche el ajo, el orégano y la sal. Añada la carne escurrida y mezcle todo bien. Agregue el vino y deje cocinar de 12 a 15 minutos, a fuego mediano. Desprenda la pulpa de la cáscara del chayote con una cucharita. Tenga cuidado de no romperla. Corte la pulpa en pedazos medianos y eche a la carne ya cocinada. Añada el cilantrillo y mezcle todo bien. Rellene las cáscaras de chayote con esta mezcla. Ponga dos onzas de queso rallado sobre cada mitad. Hornee a 350° F por 15 minutos.

Chiles rellenos de queso o carne

Ingredientes:
- 1 pieza de chile poblano
- 100 gramos o 3.5 onzas de queso panela o carne molida
- ¼ de taza de cebolla
- ⅛ de taza de nueces
- 3 cucharadas de crema
- sal al gusto

Procedimiento:

Ase el chile poblano y después métalo en una bolsa de plástico por 10 minutos para que se termine de cocinar al vapor y poder retirarle la piel y las semillas. Si desea rellenar el chile con carne, cocine la carne molida con la cebolla y la sal; o si desea rellenarlo con queso, prepare el queso panela en cuadritos para rellenar el chile. Licue la crema con la nuez para hacer la salsa y cocínela a fuego lento. Rellene entonces el chile y luego de servirlo en el plato, báñelo con la salsa.

Pasta de calabacín con carne molida y brócoli

Ingredientes:
- 1½ taza de fideos de calabacín
- 1 taza de brócoli
- ½ taza de carne molida (res, pollo o pavo)
- 2 cucharaditas de crema
- 2 cucharitas de aceite de oliva
- hierbas al gusto
- sal, pimienta y ajo al gusto
- 1 ramita de romero
- 2 cucharadas de aceite de oliva o aceite de coco

Procedimiento:
En una sartén mediana, a fuego medio, coloque una cucharada de aceite de oliva, los fideos de calabacín, hierbas de olor y sal. Saltee el calabacín unos dos a tres minutos o hasta que ablande, pero mantenga su consistencia. Condimente la carne con el aceite, sal, pimienta y ajo. En una sartén grande, saltee la carne y una vez que la carne esté lista, agregue el brócoli y deje en fuego medio hasta que se integren los sabores. Mezcle la carne con la pasta y añada la crema. Adorne con una ramita de romero.

Pimientos rellenos

Ingredientes:
- 4 pimientos morrones grandes (cualquier color)
- 1 libra de carne picada magra
- 2 cucharadas de cebolla picada
- 1 cucharadita de sal
- 1 clavo de ajo finamente picado
- 15 onzas de salsa de tomate
- 2 tazas de queso mozzarella rallado

Procedimiento:
Corte la parte superior de los pimientos y retire las semillas y las membranas. Limpie

completamente el pimiento y, si es necesario, puede cortar una rebanada delgada de la parte inferior de cada pimiento para que queden rectos en la bandeja y no se caigan. En una olla o caldero profundo, añada suficiente agua para que queden cubiertos. Permita que el agua hierva y coloque los cuatro pimientos. Cocine unos dos minutos y luego sáquelos del agua.

En una sartén mediana, cocine la carne y la cebolla a fuego medio durante ocho a diez minutos, hasta que la carne esté dorada; desagüe. Agregue la sal, el ajo y una taza de la salsa de tomate. Cocine hasta que combinen bien los sabores y la salsa espese.

Precaliente el horno a 350° F. Rellene los pimientos en capas, primero con queso mozzallera y luego con la mezcla de la carne y vegetales, y repita hasta que los pimientos estén llenos hasta el tope. Coloque los pimientos en posición vertical en un plato de hornear cuadrado, de ocho pulgadas, sin engrasar. Vierta la salsa de tomate restante sobre los pimientos. Cubra firmemente con papel de aluminio. Hornee por diez minutos. Remueva la cubierta de papel aluminio, espolvoréelos con queso y hornee unos quince minutos más o hasta que los pimientos estén tiernos y el queso derretido.

Berenjena a la parmesana

Ingredientes:

- 2 huevos batidos
- 1 berenjena grande
- 1½ tazas de harina de almendras
- ¼ taza de aceite de oliva
- 1 cucharada de aceite de coco o aceite de oliva
- 3 tazas de salsa de tomate sin azúcar
- 1 taza de queso mozzarella rallado
- ⅓ taza de queso parmesano rallado
- 1 cucharada de especias italianas
- sal y pimienta al gusto

Procedimiento:

Pele la berenjena y córtela en rodajas de ⅓ de pulgada. Para sacar el amargo de la berenjena, coloque una capa de rodajas de berenjena en un colador grande de pasta sobre un envase grande y espolvoree con sal. Deje reposar 30 minutos hasta que éstas eliminen su agua y su sabor amargo. Enjuague y seque. En un envase aparte, mezcle la harina de almendras con las especias italianas, la sal y la pimienta.

Caliente el aceite en una sartén mediana a fuego medio alto. Sumerja cada rodaja de berenjena en huevo batido y luego pásela por la mezcla de harina de almendras y especias. Saltee las berenjenas en el aceite caliente unos dos minutos o hasta dorar por ambos lados. Escúrralas sobre papel toalla o de cocina.

Precaliente el horno a 350° F. Coloque la mitad de las rodajas de berenjena en la parte inferior de un molde para hornear cuadrado, que esté ligeramente engrasado con aceite de coco. Separe la mitad de la salsa y coloque sobre la primera capa de berenjena. Espolvoree las berenjenas con queso mozzarella y la mitad del parmesano. Repita las capas. Hornee de 20 a 25 minutos o hasta que el queso quede derretido y se mezclen los sabores.

Champiñones rellenos

Ingredientes:
- ⅓ taza de queso parmesano rallado
- ½ taza de espinaca fresca
- 2 dientes de ajo pelados y picados
- 2 cucharadas de perejil fresco
- sal y pimienta negra recién molida
- ¼ taza de aceite de oliva extra virgen
- 20 champiñones grandes

Procedimiento:
Precaliente el horno a 375º F. Prepare los champiñones removiendo los tallos y limpiando los topes con una toalla de cocina limpia y seca. En una sartén mediana, coloque dos cucharadas de aceite de oliva, la espinaca, el ajo, media taza del queso parmesano, perejil, los tallos de los champiñones cortados en juliana, sal y pimienta al gusto. Rocíe una bandeja de hornear grande con aproximadamente una cucharada de aceite de oliva para que no se peguen los champiñones. Rellene las cavidades de los hongos con la mezcla y colóquelas en la bandeja para hornear, con la cavidad hacia arriba y espolvoree con un poco más de queso parmesano. Rocíe el aceite restante sobre los champiñones rellenos. Hornee unos 25 minutos hasta que estén tiernos y el relleno se dore en la parte superior. Disfrute con ensalada y si lo desea, una proteína de su preferencia.

Pasta con vegetales y queso panela

Ingredientes:
- 2 tazas de pasta de calabacín verde (zucchini)
- ½ taza de espinacas
- ⅓ taza de champiñones
- 1 rama de apio
- 1 diente de ajo
- 1 taza en cuadritos de queso panela
- 2 cucharaditas de aceite de oliva
- hojas de albahaca

Procedimiento:

En una sartén grande, cocine la pasta con una cucharada de aceite de oliva, sal y ajo, hasta que el calabacín esté cocido. Mezcle la pasta con las espinacas fileteadas, los champiñones y el apio en cuadritos. Rocíe la pasta con la cucharada restante de aceite de oliva. Añada la taza de queso panela en cuadritos y adorne con las hojas de albahaca.

Tomate relleno de nopal y queso

Ingredientes:

- 1 tomate
- ½ taza de nopal limpio y picado en cuadritos
- ¼ de cebolla
- 100 gramos o 3.5 onzas de queso panela
- 2 cucharaditas de aceite de oliva
- hojas secas de orégano al gusto
- sal al gusto

Procedimiento:

En una olla o cacerola profunda, coloque suficiente agua como para cubrir el nopal. Luego, coloque los nopales picados en cubitos y la sal. Hierva el nopal hasta que tenga la consistencia ideal, escúrralos y reserve. Corte la cebolla, el queso en cubitos y mézclelos con el nopal. Corte la parte superior del tomate y, con una cuchara, retire las semillas y limpie el interior del tomate. Coloque los tomates limpios sobre una bandeja para hornear engrasada con aceite de oliva. Rellene los tomates con la mezcla de nopalitos y tope con queso panela. Precaliente el horno a 350º F y hornee por cinco a diez minutos. Retire del horno y adorne con hojas secas de orégano.

Postres

Flanes, budines y gelatinas

Budín de pan, canela y pasas

Ingredientes:
- 1 pan de canela y pasas, bajo en carbohidratos (disponible en NaturalSlim®)
- 4 tazas de leche de coco (2 latas aprox.)
- 1 taza de azúcar estevia
- 6 huevos
- ½ cucharadita de sal
- aceite de coco para engrasar el molde
- 6 medidas de batida de vainilla Metabolic Protein™
- 1 cucharadita de canela

Procedimiento:
Coloque el pan en un envase y pártalo en pedazos pequeños. Mezcle el pan, la leche y el polvo de la batida en un recipiente grande. Revuelva hasta que el pan esté bien mojado. Añada el azúcar estevia, los huevos, la sal, la canela y la vainilla. Ponga la mezcla en un molde previamente engrasado con aceite de coco. Hornee una hora y media a 375º F (190º C). Puede añadirle crema batida baja en carbohidratos, cuya receta puede encontrar en este libro.

Crème brûlée

Ingredientes:
- 2 tazas de "heavy cream"
- 4 yemas de huevo
- ½ cucharada de extracto de vainilla
- 2 cucharadas de sucralosa granulada o estevia
- pizca de sal
- 2 medidas de Metabolic Protein™ de vainilla

Cobertura o "topping":
- 1 cucharadita de mantequilla derretida

- ¼ taza de avellanas picadas
- 1 onza de sirope de panqueques sin azúcar

Procedimiento:

Precaliente el horno a 350º F. Caliente el "heavy cream" en una olla hasta que comience a formar burbujas. Remuévalo de la hornilla y deje a un lado. En un envase de cristal grande, bata con un batidor de mano las yemas de huevo, la sal, la vainilla, las dos medidas de batida de vainilla y la sucralosa o estevia. Incorpore la crema que precalentó en la mezcla lentamente, en movimientos envolventes. Divida la mezcla en moldes "ramekins" o parecidos. En una bandeja de hornear grande, agregue agua, pues debe hacerlos en baño de María. Hornee por 35 minutos y luego refrigere por una hora. Para la cubierta o "topping", caliente todos los ingredientes en una sartén, retire la mezcla y deje enfriar. Entonces, colóquela sobre los crème brûlée. Deje enfriar y refrigere por seis horas.

Flan de calabaza

Ingredientes:

- 2 medidas de Metabolic Protein™ de vainilla
- 8 onzas de leche de almendras o de coco
- 8 onzas de agua
- 1 paquete de gelatina sin azúcar y sin sabor
- 1 cucharadita de extracto de vainilla
- 1 cucharadita de "pumpkin spice" o canela
- 4 onzas de puré de calabaza
- 1 pizca de sal

Procedimiento:

Caliente las 8 onzas de leche con 8 onzas de agua. Mientras la leche y el agua se están calentando, coloque la batida y la gelatina en un tazón grande. Cuando vea que el agua y la leche estén a punto de hervir, retírelos del fuego. La mezcla de líquidos debe estar más caliente que tibia, pero no hirviendo porque no queremos cocinar la gelatina, sólo queremos que se disuelva. A continuación, añada la mezcla de leche caliente y agua a la batida con gelatina y mezcle hasta que quede todo disuelto y no tenga grumos (debe batir de uno a dos minutos). En este momento, añada el puré de calabaza, el extracto de vainilla, la pizca de sal y "pumpkin spice" o canela. Mezcle bien. Divida la mezcla en cuatro moldes y déjelos reposar en el refrigerador durante unas ocho horas. Cuando esté listo para comer, puede desmoldar el flan o también puede comerlo directamente del molde. El resultado es un postre muy cremoso y suave.

• Postres • Postres con frutas

Flan de coco

Ingredientes:
- 4 huevos grandes
- 14 onzas de leche de coco
- ¼ taza de sucralosa granulada
- ¼ taza de coco rallado, sin azúcar
- 1 cucharadita de extracto de vainilla

Cobertura o "topping" y decoración:
- ½ taza de sirope de panqueques sin azúcar
- ¼ taza de coco rallado sin azúcar

Procedimiento:

Precaliente el horno a 325º F y engrase ocho moldes pequeños con aceite de coco. Coloque los moldes dentro de un molde para hornear grande, en baño de María. En un tazón grande, bata los huevos hasta que estén espumosos. Añada todos los ingredientes hasta que estén bien mezclados. Divida la mezcla uniformemente entre los moldes preparados. Vierta agua hirviendo en el plato para hornear alrededor de los flanes, de modo que el agua quede a ⅔ de altura por el lado de los moldes. Hornee de 45 a 55 minutos, o hasta que estén ligeramente dorados en la parte superior. Retire del horno y deje enfriar al aire libre; luego refrigere. Desmolde los flanes y vierta el sirope de panqueques por encima y decore con el coco rallado.

Flan de fresa

Ingredientes:
- 2 medidas de Metabolic Protein™ de fresa
- 8 onzas de leche de almendras
- ½ cucharadita de extracto de vainilla
- 1 paquete de gelatina sin azúcar
- 1 cucharadita de estevia (endulzar al gusto)
- 1 pizca de sal

Procedimiento:

Caliente las 8 onzas de leche de almendras con 8 onzas de agua. Mientras la mezcla de leche se está calentando, en un tazón grande, mezcle la batida, la estevia, la gelatina y la sal. Cuando vea que la mezcla de leche va a hervir, retírela del fuego. Debe estar más caliente que tibia, pero no hirviendo, porque no queremos cocinar la gelatina, sólo queremos que se disuelva. A continuación, añada la mezcla de leche y agua caliente a la batida y la gelatina. Mezcle hasta que esté todo completamente disuelto y no queden grumos (debe batir de uno a dos minutos). Añada la media cucharadita de extracto de vainilla. Divida la mezcla en cuatro moldes y déjelos reposar en el refrigerador durante unas horas. Cuando esté listo para comer, gire los moldes boca abajo (también se puede comer directamente del molde). El resultado es un postre muy cremoso y suave, como un batido de fresa en forma de flan. También puede añadir algunas fresas, moras o frambuesas a la mezcla antes de ponerla en el refrigerador para mejorar la presentación del plato.

Flan de natilla o de canela

Ingredientes:
- 2 tazas de crema espesa (heavy cream)
- ½ cuchadita de canela
- 2 huevos grandes enteros
- ¼ taza de sucralosa o estevia
- pizca de sal
- ½ cucharada de extracto de vainilla
- 6 cucharadas de sirope de panqueques sin azúcar
- 2 yemas de huevo

Procedimiento:
En una cacerola pesada, de tamaño mediano, combine la crema y canela. Caliente a fuego medio, revolviendo constantemente para mezclar por completo, justo hasta que la crema comience a hervir. No deje que hierva y retírela del calor. Precaliente el horno a 300° F. En un tazón mediano, bata los huevos, las yemas de huevo, el sustituto del azúcar y la sal hasta que obtenga una mezcla color amarillo pálido y ligeramente espesa. Comience a incorporar la mezcla de la crema, poco a poco a la otra mezcla, esto debe ser revolviendo gradual y constantemente; no puede hacerlo a la prisa pues se dañará la mezcla por la temperatura de la crema caliente. Cuando se ha añadido toda la crema, añada el extracto de vainilla. Divida la mezcla en "ramekins" o en un molde de cerámica engrasado. Hornee en baño de María hasta que la mezcla esté todavía un poco floja en el centro, por unos 30 minutos. Hornee 10 minutos más, con el horno apagado. Deje reposar y enfriar y luego refrigere por 4 horas y sirva con sirope de panqueques sin azúcar, por encima.

Gelatina de chocolate

Ingredientes:
- 1 sobre de gelatina sin sabor ni azúcar
- 8 onzas de queso crema a temperatura ambiente
- 2 a 4 medidas de Metabolic Protein™ de chocolate
- ¼ taza de estevia
- 5 onzas de chocolate sin azúcar

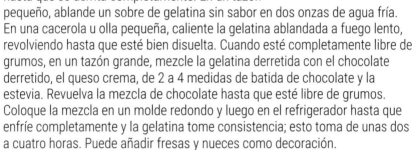

Procedimiento:
Coloque las 5 onzas de chocolate sin azúcar, picado en pequeños trozos, en un baño de María, hasta que se derrita completamente. En un tazón pequeño, ablande un sobre de gelatina sin sabor en dos onzas de agua fría. En una cacerola u olla pequeña, caliente la gelatina ablandada a fuego lento, revolviendo hasta que esté bien disuelta. Cuando esté completamente libre de grumos, en un tazón grande, mezcle la gelatina derretida con el chocolate derretido, el queso crema, de 2 a 4 medidas de batida de chocolate y la estevia. Revuelva la mezcla de chocolate hasta que esté libre de grumos. Coloque la mezcla en un molde redondo y luego en el refrigerador hasta que enfríe completamente y la gelatina tome consistencia; esto toma de unas dos a cuatro horas. Puede añadir fresas y nueces como decoración.

Gelatina flor de navidad

Ingredientes:
- 3 sobres de gelatina sin sabor ni azúcar
- 2¾ tazas de agua hirviendo
- 1 manzana cortada en rebanadas
- 2 medidas de Metabolic Protein™ de vainilla o fresa
- 4 onzas de queso crema
- aceite de coco

Procedimiento:
Agregue ¾ taza del agua a un paquete de gelatina. Revuélvela dos minutos hasta que esté completamente disuelta. Vierta ¼ taza de esta gelatina en un tazón o molde de vidrio de dos litros de capacidad, ligeramente engrasado con aceite de coco. Refrigérela por 15 minutos o hasta que esté ligeramente espesa. Acomode las rebanadas de manzana sobre la gelatina,

creando una flor tipo pascua desde el centro. Cubra la manzana con el resto de la gelatina y refrigérala. En otro tazón, agregue el agua restante a los dos paquetes de gelatina adicionales. Revuelva la gelatina por dos minutos o hasta que esté completamente disuelta, e incorpore el queso crema y las medidas de batida, con un batidor de mano. Refrigere esta gelatina por 30 minutos y luego viértala sobre el tazón de gelatina previa. Refrigérela por cuatro horas o hasta que esté firme. Desmóldela y listo.

Mousse de chocolate y fresas

Ingredientes:
- ½ taza de yogur griego
- 1 medida de Metabolic Protein™ de chocolate
- 1 sobre de estevia
- 3 fresas

Procedimiento:
Mezcle todos los ingredientes en un tazón pequeño. Una vez bien incorporado, sirva el mousse en un recipiente para postre y decore con las fresas.

Mousse de chocolate

Ingredientes:
- ½ taza de crema de leche o "heavy cream"
- 4 cucharadas de estevia
- ½ cucharadita de extracto de vainilla
- 1½ cucharada de cacao en polvo sin azúcar

Procedimiento:
En un tazón mediano, mezcle todos los ingredientes hasta que queden bien incorporados y cremosos. Coloque la mezcla en copas de postre. Puede decorar con crema batida baja en carbohidratos (vea la receta en este libro) y espolvoree con cacao en polvo o chocolate rallado sin azúcar.

Mousse de tarta de limón

Ingredientes:
- ½ taza de yogur griego
- 1 medida de Metabolic Protein™ de vainilla
- 1 sobre de estevia
- 2 cucharadas de jugo de limón
  o ½ cucharadita de extracto de limón
- ralladura de limón para decorar (opcional)
- crema batida sin azúcar (opcional)
  (vea receta en este libro)

Procedimiento:
Mezcle todos los ingredientes en un tazón pequeño. Una vez bien incorporados, sirva el mousse en un recipiente para postre y decórelo con la crema batida y la ralladura de limón.

*tarta de limón = lemon pie

Pudín de chía con nueces pacanas dulces

Ingredientes:
- 2 tazas de leche de almendras sin endulzar
- ½ taza de semillas de chía
- estevia al gusto
- 1 cucharadita de canela molida
- 1 cucharadita de extracto de vainilla

Nueces pacanas:
- ¾ taza de nueces pacanas
- estevia al gusto
- 2 cucharadas de sirope de panqueques sin azúcar
- pizca de sal

Procedimiento:
Mezcle todos los ingredientes para el pudín en un tazón mediano, cúbralo y refrigere durante la noche. Para hacer las pacanas pegajosas, mezcle todos los ingredientes y caliente en una cacerola hasta ebullición. Retire del fuego y deje enfriar para luego servir sobre una porción del pudín.

Pudín energético de té verde matcha

Ingredientes:
- 60 gramos (5 cucharadas) de semillas de chía
- 1 cucharadita de té matcha en polvo
- 2 a 4 cucharaditas de estevia
- 2 tazas de leche de almendras de vainilla sin azúcar
- ½ cucharadita de extracto de vainilla
- 15 gotas de extracto de almendras

Procedimiento:
En un tazón, mezcle todos los ingredientes hasta que queden bien incorporados, cúbralos y refrigere por 4 horas. ¡Sirva y disfrute!

Tembleque de Puerto Rico

Ingredientes:
- 2 tazas de leche de coco
- 2 medidas de batida de vainilla
- 2 sobres de gelatina sin sabor y sin azúcar
- ½ taza de azúcar estevia o al gusto
- 1 rama o palito de canela
- la mitad de la cáscara de un limón
- ½ cucharadita de sal
- canela molida para decorar

Procedimiento:
En un tazón pequeño, diluya la gelatina en media taza de la leche de coco. En un caldero, una el resto de la leche de coco, la estevia, la rama o palito de canela, la cáscara de limón, la sal y la vainilla, y continúe mezclando hasta que todo se incorpore y la leche se caliente, pero no llegue a hervir. Saque el caldero del fuego, remueva la canela y la cáscara de limón e incorpore la gelatina hasta que todo quede bien mezclado. Prepare el molde y vierta la mezcla. También puede usar moldes o vasitos pequeños, según prefiera. Deje enfriar en la nevera o refrigerador de 4 a 5 horas.

Yogur Tipo A

Ingredientes:
- ½ taza de yogur griego
- endulzador estevia al gusto
- 1 cucharadita de extracto de vainilla, coco o almendras (para el sabor)
- 1 fresa fresca en lascas

Procedimiento:
En un tazón pequeño, combine todos los ingredientes, excepto la fresa. Mezcle hasta que quede todo bien combinado. Vierta en un envase para postres y decore con la fresa.
Puede añadir nueces, coco rallado sin azúcar o canela para decorar.

Postres con frutas

Fresas con chocolate

Ingredientes:
- 12 fresas
- media libra de chocolates sin azúcar (coconut cluster o chocolate fudge meltway, disponibles en NaturalSlim®)
- 1 cucharada de aceite de coco
- almendras picadas para decorar

Procedimiento:
Lave las fresas y séquelas con papel toalla. Coloque la media libra de chocolate en un tazón de cristal con la cucharada de aceite de coco y caliente en baño de María. Revuelva la mezcla caliente con una cuchara o tenedor de metal hasta que el chocolate esté derretido y el aceite de coco quede bien incorporado. Introduzca (una a una) la fresa en la mezcla, agarrándola por las hojitas y sáquela cuando esté bañada en chocolate. Si desea decorar rápidamente, pase la fresa bañada en chocolate por las almendras picadas y coloque la fresa en una bandeja, con o sin papel acerado. Repita el procedimiento hasta que termine de hacerlas todas. Colóquelas en el refrigerador o nevera, al menos dos horas o hasta que el chocolate endurezca.

Fresas rellenas de cheesecake

Ingredientes:
- 6 a 12 fresas frescas lavadas
- 4 onzas de queso crema bajo en grasa
- 1 cucharadita de extracto de vainilla
- 1 cucharadita de jugo de limón
- ¼ taza de sucralosa o estevia
- nueces trituradas

Procedimiento:

Con un utensilio de cocina fino, remueva el tallo de la fresa y haga una abertura para el relleno. Mezcle todos los demás ingredientes en un recipiente con un batidor de mano, hasta que la mezcla quede suave. Utilizando una manga pastelera para rellenar, rellene las fresas y espolvoree sobre el relleno de la fresa las nueces trituradas. Refrigere y listo.

Paleta de manzana con chocolate

Ingredientes:

- 2 manzanas verdes cortadas en ocho pedazos, quedando rebanadas gruesas
- media libra de chocolates sin azúcar (coconut cluster o chocolate fudge meltway, disponibles en NaturalSlim®)
- 1 cucharada de aceite de coco
- almendras picadas para decorar
- paleta o palito de madera para hacer helados

Procedimiento:

Lave y corte las manzanas verdes en rodajas y rocíelas con jugo de limón fresco. Luego, introdúzcales la paleta de madera y séquelas con papel toalla. Coloque la media libra de chocolate en un envase de cristal o taza con la cucharada de aceite de coco y caliente en baño de María hasta que se derrita el chocolate. Revuelva la mezcla caliente con una cuchara o tenedor de metal hasta que quede bien incorporado. Retire del calor. Introduzca (una a una) las manzanas en el chocolate y sáquelas cuando estén cubiertas. Si desea decorar, rápidamente, pase las manzanas bañadas en chocolate por las almendras picadas y colóquelas en una bandeja o plato con papel acerado. Repita el procedimiento hasta que termine de hacerlas todas y refrigérelas al menos unas dos horas para que se endurezca el chocolate.

Postre de manzana y almendras

Ingredientes:
- ⅔ taza de manzana picada (70 gramos)
- sirope de panqueques sin azúcar
- ½ cucharadita de canela
- 3 cucharadas de harina de almendras
- 1 cucharadita de mantequilla ablandada
- 4 cucharaditas de estevia
- pizca de sal
- nueces picadas (opcional)

Procedimiento:
En un tazón mediano, coloque la manzana picada, la pizca de sal, la canela y vierta el sirope sin azúcar, hasta cubrir y sobrepasar media pulgada. Revuelva hasta que queden todos los trozos de manzana cubiertos de la canela y el sirope. Engrase cuatro moldes pequeños para hornear con aceite de coco y divida la mezcla entre los cuatro moldes. En un tazón pequeño, una la harina de almendras, la estevia, la mantequilla y mezcle hasta que tenga consistencia de arena mojada. Luego, espolvoree esta mezcla de harina de almendras en la parte superior de los postres de manzana y añada las nueces picadas, si desea. Colóquelos en el horno a 350º F (175 ° C) de 25 minutos a 30 minutos, o hasta que el tope quede dorado y la manzana suave. Puede disfrutar caliente o frío.

Postre de manzana horneada

Ingredientes:
- 1 manzana
- jugo de medio limón
- 1 cucharada de mantequilla derretida
- ⅛ taza o 25 gramos de almendras y avellanas o la nuez de su preferencia
- 1 a 2 cucharaditas de estevia
- 1 cucharadita de canela

Procedimiento:
Lave la manzana y corte alrededor del núcleo hasta que tenga suficiente espacio para

rellenarla. Colóquela en un plato de hornear y vierta el jugo de limón sobre ella. Mezcle todos los demás ingredientes y rellene su manzana. Hornee a 350° F (175° C), durante 30 a 35 minutos. Puede servir con crema batida Tipo A (puede encontrar la receta en este libro).

Postres helados

Limbers sin azúcar

• Para 3 limbers de 4 onzas

Ingredientes:
• 2 medidas de Metabolic Protein™ de vainilla
• 8 onzas de agua fría
• ½ cucharadita de extracto de vainilla
• 4 sobres de sucralosa

Procedimiento:
En una licuadora, mezcle el agua fría, las dos medidas de Metabolic Protein™ de vainilla, la media cucharadita de vainilla y los cuatro sobres de sucralosa. Mezcle bien. Vierta en vasos plásticos de 4 onzas y coloque en el congelador hasta que estén completamente sólidos (aproximadamente de cuatro a cinco horas).

Nota: Existen muchas variantes de esta receta. Se le pueden añadir fresas, almendras, canela, pistachos, maní y mantequilla de maní, etc. Incluso, también se puede variar el sabor de la batida Metabolic Protein™ por fresa o chocolate.

Otras variantes:
• De almendras: 2 onzas de almendras, ½ cucharadita de extracto de almendras
• De canela: se le agrega canela en polvo
• De café: se le añade 2 onzas de café negro colado

*Los "limbers" son una receta tradicional puertorriqueña en la que básicamente se congelan jugos de frutas en vasitos de plástico. Normalmente se comen directamente del vaso, aunque recientemente también se congelan con palitos de madera en el centro para hacer un tipo de paleta helada. Su inusual nombre surgió en honor al piloto Charles A. Lindbergh quien, en su viaje a Puerto Rico en 1928, quedó fascinado con los deliciosos jugos helados.

Helado de proteína con sabor a chocolate

ngredientes:
- 1½ taza de Metabolic Protein™ de chocolate
- 1 cucharada de cacao en polvo bajo en azúcar
- 1 taza de estevia
- 2 tazas de leche de coco
- 2 tazas de crema de leche (heavy cream)
- 6 nueces picadas en mitades
- extracto de vainilla al gusto

Procedimiento:
En una licuadora o "blender", coloque la proteína, el cacao, la mitad de la estevia y la leche de coco. Procese hasta que todos los ingredientes queden bien incorporados. Enfríe el tazón que usará para preparar la receta y la crema de leche unos 10 a 15 minutos en el refrigerador. Una vez fríos y justo antes de comenzar, retírelos del refrigerador para utilizarlos. Vierta una taza de la crema de leche fría en el tazón y añada el resto de la estevia. Comience a batir en velocidad baja durante unos 30 segundos o hasta que se mezcle bien y puede añadir la vainilla a gusto. Vuelva a mezclar con la batidora hasta que la crema quede a punto de pico. Combine a esta mezcla, la mezcla que ya hizo de la proteína, añada la crema batida y coloque en un recipiente de almacenar alimentos de cristal y cúbralo con la tapa. Lleve el recipiente al congelador y déjelo congelar por un mínimo de tres horas. Luego, disfrútelo.

Paletas heladas de canela

ngredientes:
- 1 lata de 14 onzas de leche de coco
- ½ taza de agua
- 4 sobres de estevia
- 2 medidas de Metabolic Protein™ de vainilla
- 1 cucharadita de extracto de vainilla
- 2 cucharaditas de canela
- ½ taza de almendras
- 1 molde para paletas heladas (popsicles)

Procedimiento:
Procese todos los ingredientes en una

licuadora hasta crear una mezcla homogénea. Vierta la mezcla en los moldes para popsicles. Refrigere por 4 horas. Si no tiene molde para paletas heladas, puede vertir en vasos desechables para hacer limbers.

Paletas heladas de chocolatina

Ingredientes:
- ½ taza de chocolates sin azúcar
- 1 lata de leche de coco o 1 taza de leche de almendras
- 1 sobre de estevia o al gusto
- 1 cucharadita de extracto de vainilla
- 1 taza de agua
- 2 medidas Metabolic Protein™ de chocolate
- pizca de sal

Procedimiento:
Mezcle todos los ingredientes en una licuadora y coloque en un molde para paletas heladas. Congélelas por seis horas. Si divide en porción de seis paletas, cada una tendrá un aproximado de dos gramos de carbohidratos. Disfrútelas sin remordimientos.

Paletas heladas de fresas y cheesecake

Ingredientes:
- 1¾ taza de fresas en trozos
- 1 cucharada de agua
- 1 a 3 sobres de estevia
- 4 a 6 onzas de queso crema, ablandado a temperatura ambiente
- ¼ de taza de leche de coco o de almendras, sin azúcar
- 1 cucharada de jugo de limón
- ½ cucharadita de extracto de vainilla (opcional)

Procedimiento:
En una cacerola, a fuego medio, añada el agua, las fresas y la estevia. Cocine hasta que las fresas estén lo suficientemente suaves para triturar completamente con un tenedor y deje enfriar. En un tazón grande, mezcle el queso crema junto

a la leche de almendras o coco, el jugo de limón y el extracto de vainilla. Ponga la mezcla en moldes para paletas heladas, comenzando con un poco de la mezcla de fresa y luego un poco de la mezcla de queso crema de la forma que desee, creando capas. Congele durante la noche. Desmolde y disfrute.

Paletas heladas de fresa y crema

Ingredientes:
- 1 a 3 sobres de estevia
- 1 taza de leche de coco o almendras
- 2 medidas de Metabolic Protein™ de vainilla
- 1 taza de fresas en trozos
- ½ cucharadita de extracto de vainilla

Procedimiento:
Método 1: En una licuadora o "blender", mezcle la leche de almendras o coco con la proteína de vainilla, el extracto de vainilla y la estevia. Ponga la mezcla en moldes de paletas heladas y colóqueles una capa de fresas, hasta llenar el molde. Congele durante la noche. Desmolde y disfrute.

Método 2: En una licuadora, mezcle la leche de almendras o coco, el extracto de vainilla, las fresas, la batida de vainilla y la estevia. Ponga la mezcla en moldes de paletas y congele durante la noche. Desmolde y disfrute.

Tartas o Bizcochos

Bizcocho o tarta de chocolate

Ingredientes:
- 7 onzas de chocolate sin azúcar derretido
- 3.5 onzas de mantequilla
- 1 taza de estevia
- 2 huevos enteros
- 2 yemas de huevos
- 2 cucharadas Metabolic Protein™ de chocolate

Procedimiento:
Precaliente el horno a 350º F. Engrase el molde con un poco de la mantequilla. Derrita el chocolate sin azúcar con la mantequilla en baño de María. Retire la mezcla del fuego y déjela enfriar ligeramente. Bata los huevos enteros y las dos yemas de huevo con la estevia hasta tener una mezcla cremosa. Incorpore la mezcla del chocolate derretido y las cucharadas de la batida de chocolate a la mezcla de huevos y estevia, con movimientos envolventes. Vierta la mezcla en el molde y hornee durante 9 a 10 minutos. Deje enfriar completamente antes de servir. Puede complementar con crema batida baja en carbohidratos (encuentre la receta en este libro).

Bizcocho o tarta de coco

Ingredientes:
- 1 taza de harina de almendras
- ¼ taza de harina de coco
- 1 taza de leche de coco sin azúcar
- 6 huevos
- ½ taza de estevia
- 1 taza de coco rallado sin azúcar
- ½ cucharada de polvo para hornear (baking powder)
- 1 pizca de sal

Para el "frosting" o glaseado:

- 14 onzas de queso crema
- ¼ taza de estevia
- 4 cucharadas de mantequilla, ablandada
- 1 cucharadita de extracto de vainilla
- ¼ taza de coco rallado sin azúcar

Procedimiento:

Precaliente el horno a 375° F. Prepare un molde para hornear engrasado con mantequilla. En un tazón mediano, bata los ingredientes líquidos. Deje de lado. En un tazón pequeño, mezcle los ingredientes secos. Añada a la mezcla de huevo, batiendo durante un minuto aproximadamente, para incorporar todos los ingredientes. Engrase un molde para bizcochos o pasteles, vierta la mezcla y coloque en el horno unos 20 a 25 minutos. Cuando haya terminado, sitúelo en una rejilla para enfriar. Una vez frío, puede colocar el glaseado.

Procedimiento del "frosting" o glaseado:

En un tazón pequeño, bata el queso crema con una batidora eléctrica hasta que quede suave. Añada cuatro cucharadas (¼ taza) de mantequilla ablandada y continúe batiendo un minuto más. Añada la estevia. Bata durante otro minuto y luego agregue la vainilla. Cuando unte sobre su bizcocho, coloque el coco rallado como decoración.

Bizcocho o tarta de zanahorias

Ingredientes:

- 2 tazas de zanahoria rallada
- 1 taza de Metabolic Protein™ de vainilla
- ½ taza de harina de almendras o avellanas
- ½ de taza de aceite de coco
- 1½ taza de sucralosa o al gusto
- 1 cucharadita de polvo de hornear
- 1 cucharadita de bicarbonato
- ½ cucharadita de sal
- 1 cucharadita de extracto de vainilla
- ¼ de cucharadita de clavos en polvo
- 4 huevos

Para el "frosting" o glaseado:

- 1 taza de queso crema bajo en grasa
- ½ taza de crema de leche baja en grasa

- 2 medidas de Metabolic Protein™ de vainilla
- ½ taza de sucralosa o estevia

Procedimiento:
Mezcle el aceite y la zanahoria en la licuadora hasta que tengan consistencia de puré. Lleve la mezcla a una taza, añada los ingredientes y revuelva hasta que todo esté incorporado. Engrase un molde para bizcochos o para cupcakes con aceite de coco. Hornee a 400 F° por 12 minutos o hasta que al introducir el cuchillo salga limpio.

Procedimiento del "frosting" o glaseado:
Mezcle todos los ingredientes con ayuda de la batidora. Deje reposar en el refrigerador. Para untar el glaseado sobre el bizcocho, debe esperar a que el mismo esté frío a temperatura ambiente.

Brownies de chocolate

Ingredientes:
- 4 cucharadas de mantequilla, derretida
- 4 onzas de aceite de coco
- 1 taza de sucralosa granulada
- 3 huevos a temperatura ambiente
- ½ taza de cocoa sin azúcar
- ½ taza de harina de almendras
- 1 cucharadita de polvo para hornear
- 1 cucharada de vainilla
- 1 taza de Metabolic Protein™ de chocolate
- ½ taza de leche de coco
- ¼ taza de mantequilla de almendras sin azúcar
- 1 pizca de sal

Procedimiento:
Bata la mantequilla, el aceite de coco y todos los ingredientes líquidos en un tazón grande. Agregue la sucralosa, los huevos y bata bien. En un tazón aparte, añada el chocolate, la harina de almendras, el polvo de hornear, la batida de proteína y todos los ingredientes secos. Añada la mezcla de los ingredientes secos a la mezcla del tazón de ingredientes líquidos en dos o tres partes. Engrase un molde 8"x8" con aceite de coco y hornee a 350° F unos 20 a 25 minutos, hasta que, al introducir un palillo de dientes, salga limpio.

Cupcakes de chocolate y nueces

Ingredientes:
- 8 onzas de queso crema
- 4 onzas de mantequilla
- 4 huevos
- 1½ taza de sucralosa granulada
- 4 medidas de Metabolic Protein™ de chocolate
- 1 cucharadita de extracto de almendras
- ½ taza de walnuts (nueces de castilla)
- ½ taza de chocolate oscuro con almendras, picado

Procedimiento:
Mezcle el queso crema y la mantequilla hasta crear una consistencia suave y uniforme. Luego, incorpore los cuatro huevos, el extracto de almendras y mezcle. Ahora, añada todos los ingredientes secos a la mezcla. Engrase un molde de cupcakes con aceite de coco y vierta la mezcla. Precaliente el horno a 350º F y hornee de 15 a 20 min. Deje reposar por dos horas.

Cupcakes de limón

Ingredientes:
- jugo de dos limones
- 6 huevos
- 200 gramos o 7 onzas de harina de almendras
- 2 medidas de Metabolic Protein™ de vainilla
- 1 cucharadita de polvo de hornear
- 3 a 4 cucharadas de estevia
- 1 cucharadita de extracto de vainilla
- ¼ de cucharadita de sal

Para la crema de limón:
- 100 gramos o 3.5 onzas de yogur natural sin azúcar
- 100 gramos o 3.5 onzas de queso crema reblandecido
- estevia granulada al gusto
- cáscara y jugo de limón al gusto

Procedimiento:

En un tazón grande, exprima el jugo de un limón y medio. Añada todos los demás ingredientes y mezcle hasta que todo quede incorporado y quede una masa sin grumos. Coloque la masa en la bandeja de cupcakes. Hornee a 350º F (180º C) durante 10 a 12 minutos. Pruebe el centro con un tenedor o palillo limpio para asegurarse de que estén cocidos.

Procedimiento de la crema de limón:

Con un tenedor, mezcle el queso crema con el yogur natural hasta que esté suave. Agregue la ralladura de limón y el jugo sobrante. Añada lentamente la estevia; endulce hasta que usted esté a gusto. Cuando los cupcakes estén completamente fríos, decórelos con la crema. Puede colocar, arriba de cada uno, un pequeño pedazo de limón, como se muestra. ¡Deliciosos!

Cupcakes de terciopelo rojo (red velvets)

Ingredientes:
- 3 huevos grandes enteros
- ¼ taza de leche de coco sin azúcar
- ¼ taza de xylitol, estevia o sucralosa
- 2 cucharaditas de extracto de vainilla
- 3 cucharadas de mantequilla sin sal
- ¼ taza de harina de coco
- ¼ cucharadita de polvo de hornear
- 2 cucharadas de cacao en polvo, sin azúcar
- ¼ cucharadita de bicarbonato de sodio
- ¼ cucharadita de sal
- 1 onza de colorante de alimentos rojo

Para el "frosting" o glaseado:
- 4 onzas de queso crema
- 6 cucharaditas de eritritol
- 4 cucharadas de mantequilla ablandada
- extracto de vainilla al gusto

Procedimiento:

Precaliente el horno a 375° F. Prepare una bandeja para hornear cupcakes con seis vasos de papel. En un tazón mediano, bata los huevos con la leche de coco, la estevia, la vainilla, el colorante de alimentos y tres cucharadas de mantequilla derretida. Deje a un lado. En un tazón pequeño, mezcle la harina de coco, el polvo de hornear, el cacao en polvo, el bicarbonato y la sal. Añada a la mezcla anterior, batiendo durante un minuto aproximadamente para incorporar todos los ingredientes. Divida la masa en el molde de cupcakes con los seis vasos de papel y coloque en el horno por unos 15 a 18 minutos. Cuando haya terminado, sitúelos en una rejilla para enfriar. Una vez fríos, colóqueles el "frosting" o glaseado.

Procedimiento del "frosting" o glaseado:

En un tazón pequeño, bata el queso crema con una batidora eléctrica hasta que quede suave. Añada las 4 cucharadas (¼ taza) de mantequilla ablandada y continúe batiendo un minuto más. Añada el eritritol, bata por otro minuto y luego agregue la vainilla.

Cupcakes de vainilla y almendras

Ingredientes:

- ½ taza de Metabolic Protein™ de vainilla
- ½ taza de harina de almendras
- ¼ taza de yogur griego sin azúcar
- 1 cucharadita de extracto vainilla o almendras
- 3 cucharadas de almendras en lascas
- 2 huevos enteros
- 2 yemas
- 1 taza de estevia

Para el "frosting" o glaseado (opcional):

- ½ barra de queso crema
- ½ taza de estevia
- ½ cucharadita de extracto vainilla o almendras

Procedimiento:

Mezcle los huevos y ambas yemas con la estevia. Luego de que estén bien mezclados, añada la proteína, el extracto de vainilla o almendras y mezcle bien. Añada el yogur, la harina de almendras y la mitad de las almendras a la mezcla. Puede tostar la otra mitad de las almendras para colocarlas como decoración sobre el glaseado. Precaliente el horno a 350º F, vierta la mezcla en un molde para cupcakes, preengrasado con aceite de coco y hornee por 10 minutos aproximadamente. Una vez fuera del horno, déjelos reposar de 5 a 10 minutos y decore con el glaseado (opcional) y las almendras tostadas. Puede utilizarlas sin tostar, pero al tostarlas resalta el sabor de las almendras.

Procedimiento del "frosting" o glaseado (opcional):

A la media barra de queso crema, añádale la media taza de estevia y la media cucharadita del extracto de almendras o vainilla y mezcle hasta que quede una crema suave.

Donitas o rosquillas

Ingredientes:
- 3 huevos separados
- 2 onzas de queso crema bajo en grasa
- 1 cucharadita de bicarbonato de sodio
- ¼ de cucharadita de polvo de hornear
- 3 cucharadas de estevia
- 2 cucharadas Metabolic Protein™ de vainilla
- ½ cucharadita de extracto de vainilla
- pizca de sal
- aceite de coco (para engrasar el molde)
- 1 molde para donuts o rosquillas

Procedimiento:
Bata las claras de huevo con el polvo de hornear por cinco minutos. Mezcle el queso crema, las yemas de huevo, el bicarbonato de sodio, la batida de vainilla, el extracto de vainilla, la estevia y la sal. Engrase el molde con aceite de coco y coloque la mezcla con cuidado para que el producto final tenga la forma deseada. Hornee a 300º F por 30 minutos. **Opcional:** Puede aplicar un glaseado con chocolate negro sin azúcar derretido, canela y estevia, coco rallado sin azúcar o sirope de fresa sin azúcar, entre otras opciones bajas en carbohidratos refinados.

Lava cake — bizcocho de chocolate fundido

Ingredientes:
- 4 onzas de chocolate sin azúcar, en barra
- 4 onzas de mantequilla
- ½ taza de estevia granulada
- 1 cucharadita de extracto de vainilla
- ¼ cucharadita de sal
- 2 huevos enteros
- 2 yemas de huevo
- 1 onza de harina de almendras

Procedimiento:
Precaliente el horno a 400º F. Engrase cuatro moldes aptos para el horno y luego cúbralos en estevia

granulada. Derrita el chocolate y la mantequilla juntos sobre un baño de María. Bata la sucralosa, el extracto de vainilla y la sal en la mezcla de chocolate derretido hasta que quede suave. Bata los huevos y las yemas de huevo vigorosamente. Agregue la harina de almendras en último lugar. Divida la masa en los moldes uniformemente. Hornee durante 12 a 14 minutos o hasta que los bordes estén ajustados, pero el centro esté todavía suave y tiemble ligeramente. Deje que se enfríen durante dos minutos. Asegúrese que no estén pegados al molde antes de voltear sobre el plato. Sirva de inmediato.

Pie de calabaza

Ingredientes:

Relleno de calabaza:

- 1 lata de 14 onzas de calabazas sin endulzar (Tipo E)
- 3 huevos
- 1 cucharadita de canela o al gusto
- 1 lata de 14 onzas de leche de coco sin azúcar
- 4 medidas de Metabolic Protein™ vainilla
- ½ taza de estevia
- 1 pizca de sal

Base de la tarta:

- 2 tazas de harina de almendras
- 4 cucharadas de mantequilla derretida
- ½ cucharadita de sal
- ½ taza de estevia

Procedimiento:

Coloque la harina de almendras en un tazón mediano y agregue la mantequilla. Mezcle bien. Añada ¼ de taza de estevia y media cucharadita de sal y mezcle hasta crear una masa con la consistencia de arena mojada. Si todavía parece pegajoso, añada un poco más de harina de almendras y siga mezclando hasta llegar a la consistencia correcta. Coloque la masa en un molde para "pies" y presione hasta que ésta tome la forma del molde y refrigérelo. En un tazón grande, mezcle todos los ingredientes del relleno. Colóquelo en el molde con la base lista y refrigerada. Hornee a 350º F de 30 a 40 minutos. Deje enfriar completamente y luego coloque en el refrigerador unas dos horas. Una vez frío, disfrute.

• Postres • Tartas o bizcochos

Pound cake de calabaza

Ingredientes:

- 1 taza de calabaza enlatada sin azúcar (Tipo E)
- 1 taza de estevia granulada
- 1 cucharadita de polvo para hornear
- 1 cucharadita de extracto de vainilla
- ½ cucharadita de especias para pastel de calabaza (pumking spice) o 1 cucharadita de canela
- ⅛ de cucharadita de sal
- 5 huevos
- 1½ tazas de harina de almendras
- 2 medidas de batida Metabolic Protein™ de vainilla
- ¼ taza de semillas de calabaza o pepitas (opcional como decoración)

Procedimiento:
Engrase un molde 8"x4" o una línea con papel de aluminio y papel de hornear. En un tazón mediano, bata la calabaza, la estevia, el polvo de hornear, la vainilla, la especias y la sal; puede utilizar una batidora eléctrica hasta que quede bien mezclado. Bata los huevos, añada la harina de almendras y la batida. Añada un poco de agua, si es necesario. Vierta en el molde para hornear y añada semillas o pepitas, si desea decorar. Hornee a 300° F de 60 a 75 minutos, hasta que el pound cake se aleje de los lados del molde un poco y cuando inserte un palillo de dientes, salga limpio. Deje enfriar en el molde, sobre una rejilla, durante 10 minutos. Retire del molde y retire el papel de aluminio. Enfríe completamente antes de cortar.

Pound cake de queso

Ingredientes:
- 1 taza de harina Glucotein™
- 2 medidas de Metabolic Protein™ de vainilla
- 1 taza y 1 cucharada de sucralosa
- 1 cucharadita de polvo para hornear
- ¼ cucharadita de sal
- 3 huevos enteros grandes
- 1 cucharadita de extracto de vainilla
- 1 taza (8 onzas) de queso crema ablandado
- 1 taza de lueche de nuez sin azúcar
- ½ taza de mantequilla derretida
- ¼ cucharadita de extracto de limón

Procedimiento:

Precaliente el horno a 350º F. Engrase un molde con mantequilla o aceite de coco. También puede agregar papel de pergamino para asegurarse de que la torta salga correctamente.

Agregue todos los ingredientes secos a un tazón y mézclelos. En otro tazón grande o una batidora de pie, agregue los huevos y la vainilla. Bátalos a una velocidad alta durante un minuto hasta que la mezcla esté suave y esponjosa. Agregue 4 onzas del queso crema, la mantequilla derretida, la taza de sucralosa y la leche. Bátalos a máxima potencia de 30 a 45 segundos. Entonces, agregue lentamente los ingredientes secos a los ingredientes húmedos en dos a tres lotes. Mezcle bien hasta que esté combinado. Deje la mezcla reposar durante dos minutos y mezclela una vez más a baja velocidad. En un envase pequeño mezcle las otras 4 onzas de queso crema, la cucharada de sucralosa y ¼ cucharadita de extracto de limón.

Vierta la mezcla en el molde ya engrasado y decore el tope con el queso crema endulzado. Hornee unos por 50 a 60 minutos, hasta que las partes superiores y los bordes estén dorados y salga limpio un palillo de dientes cuando pase por el centro. Agregue tiempo adicional para hornear si es necesario.

Pound cake de vainilla

Ingredientes:
- 1½ taza de Metabolic Protein™ de vainilla
- 1 huevo
- ¼ taza de harina de almendras
- 1 cucharadita de polvo para hornear
- 1 taza de leche de almendras, sin azúcar
- ½ taza de estevia
- 1 pizca de sal
- 1 cucharadita de extracto de vainilla

Para el "frosting" o glaseado:
- 8 onzas de queso crema
- ½ taza de sucralosa

Procedimiento:

Mezcle todos los ingredientes secos. Después, añada el huevo. Continúe mezclando y añada la leche y el extracto de vainilla. Siga mezclando hasta que tenga una consistencia uniforme. Precaliente el horno a 350º F y luego hornee por 45 minutos. Deje enfriar y decore con el glaseado.

• Postres • Tartas o bizcochos

Procedimiento del "frosting" o glaseado:

Mezcle todos los ingredientes en un procesador de alimentos o batidora de mano. Debe quedar una consistencia cremosa. Coloque encima de su pound cake y disfrute.

Pound cake de vainilla y coco

Ingredientes:

- 1½ taza de Metabolic Protein™ de vainilla
- 1 huevo
- 1 cucharadita de polvo para hornear
- 1 cucharada de harina de coco
- 1 taza de leche de almendras sin azúcar
- ½ taza de estevia
- 1 taza de coco rallado sin azúcar
- ½ cucharadita de sal
- 1 cucharadita de extracto de vainilla

Para el "frosting" o glaseado:

- 8 onzas de queso crema
- ¼ taza de estevia
- 1 cucharada de extracto de vainilla

Procedimiento:

Mezcle todos los ingredientes secos. Entonces, añada el huevo y continúe mezclando. Agregue la leche y el extracto de vainilla y siga mezclando hasta que tenga una consistencia uniforme. Precaliente el horno a 350° F y luego hornee por 45 minutos. Deje enfriar completamente antes de añadir el glaseado y un poco de ralladura de coco para decorar (opcional).

Procedimiento del "frosting" o glaseado:

Mezcle todos los ingredientes en un procesador de alimentos o batidora de mano. Debe quedar una consistencia cremosa. Coloque encima de su pound cake y disfrute.

Tarta de chocolate

Ingredientes:
- 200 gramos u 8 onzas de chocolate oscuro, sin azúcar
- 100 gramos o 4 onzas de mantequilla
- ½ taza de estevia
- 2 huevos enteros
- 2 yemas de huevos
- 2 medidas de Metabolic Protein™ de chocolate

Procedimiento:
Precaliente el horno a 350º F. Engrase el molde con un poco de la mantequilla o con aceite de coco.
Derrita el chocolate sin azúcar con la mantequilla en baño de María. Retire la mezcla del fuego y deje enfriar ligeramente. Bata los huevos con la estevia, hasta tener una mezcla cremosa. Incorpore la mezcla del chocolate y la proteína de chocolate, con movimientos envolventes. Vierta la mezcla en el molde. Hornee a 350º F por unos 9 a 10 minutos o hasta que pueda insertar un pinchito y salga limpio. Deje que enfríe y pique en cuadritos.

Brownies de chocolate y café

Ingredientes:
- ½ taza de harina Glucotein™
- ½ taza de harina de café
- ½ taza de "heavy cream" (crema de leche)
- 1½ taza de sucralosa
- 2 huevos medianos
- 1½ onzas de chocolate sin azúcar para las chispas de chocolate (chocolate chips)
- 3 onzas de choocolate negro para hornear, sin azúcar
- 1 barra o ½ taza de mantequilla sin sal
- ½ cucharadita de sal
- 1 cucharadita de vainilla
- ¼ cucharadita de polvo de hornear

Procedimiento:

Derrita la mantequilla y las 3 onzas de chocolate negro para hornear sin azúcar y déjelos enfriar unos minutos. En un tazón grande, mezcle la harina Glucotein™, la sal, el polvo

para hornear y la sucralosa. Derrita la mantequilla y las 3 onzas de chocolate negro para hornear sin azúcar y déjelos enfriar unos minutos. En un tazón grande, mezcle la harina Glucotein™, la sal, el polvo para hornear y la sucralosa. Deje este envase a un lado. Entonces, a la mezcla de mantequilla y chocolate, añada el café, el "heavy cream", la vainilla y los huevos. Luego, añada esta mezcla de ingredientes líquidos a la mezcla de los ingredientes secos y mezcle hasta que todos los ingredientes queden bien incorporados. Añada las chispas de chocolate (chocolate chips). Coloque la mezcla en un molde cubierto con papel de hornear o engrasdo con mantequilla. Hornee a 200º F (94º C) por 50 a 60 minutos. Deje enfriar completamente antes de consumir.

Turrón y galletas

Barras de proteína

Ingredientes:
- 2 cucharadas de mantequilla de almendras
- ½ taza de almendras trituradas
- 2 medidas de Metabolic Protein™ de chocolate
- 2 claras de huevo, batidas
- 4 sobres de estevia o sucralosa
- ½ taza nueces enteras
- ½ taza de chocolate oscuro en trozos
- ½ taza de coco rallado sin endulzar (opcional)

Procedimiento:
Mezcle todos los ingredientes en un envase o tazón grande (puede usar sus manos limpias, si desea) y coloque en un molde cuadrado con papel encerado o engrasado con aceite de coco. Si gusta, puede esparcir coco rallado sobre la mezcla una vez colocado en el molde y algunas nueces. Hornee en un horno precalentado a 350º F por alrededor de 20 a 30 minutos. Retire del horno y deje enfriar. Luego, corte en cuadrados y almacene en bolsitas individuales.

Besitos de coco

Ingredientes:
- 2 tazas de coco rallado sin endulzar
- 4 claras de huevo (debe ser ½ taza)
- 1 cucharadita de extracto de vainilla
- 1 taza de estevia
- 2 cucharadas de agua

Procedimiento:
Caliente el horno a 375° F. Coloque papel encerado de hornear en un molde plano. Mezcle las claras.

Si las cuatro claras no completaron la media taza, complete con agua. Añada la vainilla. Mezcle el coco rallado con la estevia y una los ingredientes secos y los líquidos, hasta que queden bien mezclados. Espere unos minutos para luego formar las bolitas. Forme bolitas de aproximadamente una pulgada de diámetro. Coloque en el molde con el papel de hornear procurando que queden con un espacio de media pulgada entre unas y otras. Baje el fuego del horno a 325° F y coloque el molde en el horno. Hornee por 15 minutos, pero verifíquelos cada dos minutos. Espere a que tengan el tope doradito y, si los quiere más crujientes, puede dejarlos unos minutos más. Sáquelos del horno y déjelos enfriar. Disfrútelos.

Besitos de pistacho

Ingredientes:

- 1 taza de polvo de pistacho
- ¾ taza de estevia
- 1 taza de coco rallado sin endulzar
- 1 clara de huevo

Procedimiento:

Precaliente el horno a 340º F. En un tazón grande, combine todos los ingredientes hasta crear una masa y refrigérela por dos horas. Prepare una bandeja con papel de hornear. Haga bolitas de la masa, colóquelas sobre la bandeja para hornear cubierta de papel y hornéelas durante 7 a 8 minutos, o hasta que la parte superior esté ligeramente dorada. Saque de la bandeja y coloque a enfriar sobre una rejilla de alambre. Puede mantenérlas en un recipiente hermético hasta por una semana.

Foto pertenece a Zerrin de https://www.giverecipe.com/

Crustos dulces mexicanos

Ingredientes:
- 1 plantilla baja en carbohidratos
- ¼ taza de estevia o al gusto
- canela en polvo al gusto
- aceite de coco

Procedimiento:
En un tazón grande, mezcle la estevia y la canela.
Pique la plantilla en triangulitos o en tiritas.

Forma 1: Coloque en una bandeja o molde para
horno tostador u horno convencional. Precaliente
el horno a 450º F y hornee de 10 a 15 minutos hasta que las plantillas queden
tostadas.

Forma 2: Caliente una sartén antiadherente, sin aceite. Agregue las tiritas o
los triangulitos y tuéstelos hasta que tengan una textura crujiente.

Forma 3: En una sartén, fría las tiritas o los triangulitos en aceite de coco.

Una vez listos, coloque en el tazón con la estevia y la canela para que se
adhieran a la tortilla caliente. Luego sirva en un plato y espolvoree algo de la
mezcla de canela encima de los crustos, para decorar.

Galletas de canela y coco

Ingredientes:
- 1 taza de mantequilla de almendras, sin azúcar
  añadida
- 2 cucharaditas de aceite de coco
- 2 huevos
- 1 cucharadita de canela
- 1 cucharada de harina de coco
- ¼ taza de nueces picadas
- 1 taza de coco rallado sin azúcar
- ¼ taza de estevia
- ½ cucharadita de extracto de vainilla

Procedimiento:
En un tazón, mezcle los ingredientes hasta crear una masa
firme. Prepare una bandeja para hornear galletas,
engrasada con aceite de coco o cubierta con papel para hornear.

Haga bolitas de la masa y colóquelas en la bandeja. Aplaste las bolitas para crear la forma de galleta y marque, con un tenedor, el patrón de # sobre la galleta. Hornee a 350º F, durante 14 minutos. Deje enfriar completamente y disfrute.

Galletas de chocolate

Ingredientes:
- 1 taza de mantequilla de almendras
- 2 medidas de Metabolic Protein™ de chocolate
- ¼ taza de estevia
- 1 huevo
- ½ cucharadita de bicarbonato de sodio
- 1 pizca de sal
- 1 cucharadita de vainilla

Procedimiento:
Precaliente el horno a 350º F. En un tazón mediano, bata la mantequilla de almendras y la estevia con una batidora de mano. Luego, añada la proteína, el huevo, bicarbonato de sodio, la pizca de sal y la vainilla, hasta que estén bien mezclados. Con una cucharita, coloque la mezcla en forma de bolita en un molde para galletas cubierto con papel para hornear o engrasado con aceite de coco y aplánelas con un tenedor. Hornee de 15 a 20 minutos. Deje enfriar completamente antes de intentar remover de la bandeja, ya que éstas salen suaves del horno y al enfriar toman consistencia.

Galletas de mantequilla de almendras

Ingredientes:
- 1 taza de mantequilla de almendras
- ½ taza de sucralosa granulada
- 1 huevo
- 1 medida de Metabolic Protein™ de vainilla
- 1 cucharadita de extracto de vainilla
- 1 cucharadita de bicarbonato de sodio
- 1 pizca de sal

Procedimiento:
En un tazón grande, mezcle los ingredientes hasta crear una masa. Prepare una bandeja para hornear galletas engrasada con aceite de coco o con papel de

hornear. Haga bolitas de la masa y colóquelas en la bandeja. Aplaste las bolitas hasta que cree forma de galletas y márquelas con un tenedor con líneas cruzadas #. Hornee a 350º F durante ocho minutos.

Galletas de pistachos

Ingredientes:
- 4 claras de huevo
- ¼ cucharada de polvo para hornear
- 1 cucharada de extracto de vainilla, de pistachos o de coco
- 1 cucharadita de licor amaretto (si lo desea)
- 4 sobres de sucralosa o estevia, o al gusto
- 2 tazas de harina de almendras
- ½ taza de pistachos triturados para decorar
- 2 medidas de Metabolic Protein™ de vainilla

Procedimiento:
Mezcle todos los ingredientes, con excepción de los pistachos triturados, con un batidor de mano, en un tazón grande. Con una cucharita, coloque la mezcla en forma de bolitas, en un molde para galletas cubierto con papel para hornear o engrasado con aceite de coco. Es importante que deje suficiente espacio entre las bolitas porque se esparcirán un poco al hornear. Coloque los pistachos triturados sobre las bolitas en la bandeja. Hornee en un horno precalentado a 330º F de 15 a 20 minutos o hasta que luzcan doraditas en sus bordes. Cada galleta tiene sólo 1.5 gramos de carbohidratos.

Galletas de chispas de chocolate

Ingredientes:
- ¾ taza de harina de Glucotein™
- 2 a 4 cucharadas de chispas de chocolate (chocolate chips) sin azúcar
- ¼ taza de sucralosa o estevia en polvo
- ¼ cucharadita de sal
- ½ cucharadita de bicarbonato de sodio
- 1 barra de mantequilla derretida
- 1 huevo grande
- 1 cucharadita de extracto de vainilla

Procedimiento:

Precaliente el horno a 200° F. Revuelva los ingredientes secos muy bien. Añada los ingredientes líquidos para formar una masa. Deje la masa descansar unos 5 minutos para que se absorban bien los líquidos y vuelva a revolver. Utilice una cuchara para tomar una porción de la masa y luego forme las galletas.

Colóquelas en una bandeja cubierta de papel de hornear y colóquelas en el horno por unos 15 minutos. Entonces, eleve la temperatura a 350° F por 5 minutos o hasta que las galletas estén levemente doradas. Puede añadir nueces, canela o algún otro ingrediente bajo en carbohidratos. Déjelas enfriar completamente antes de servir.

Merengues

Ingredientes:

- 4 claras de huevo a temperatura ambiente
- 6 cucharadas de sucralosa o estevia
- ½ cucharadita de extracto de vainilla
- ¼ cucharadita de jugo de limón
- ⅛ cucharadita de sal

Procedimiento:

Encienda el horno a la temperatura más baja que tenga o a 100° F. Prepare un molde en placa o grande con papel para hornear. Bata las claras a velocidad media, hasta que espumen. Agrégueles los demás ingredientes. Bata hasta que el merengue quede a punto de picos firmes. Coloque el merengue en una manga pastelera y realice la forma deseada sobre el molde con el papel para hornear. Hornee por 60 a 80 minutos, dependiendo del tamaño de los merenguitos. Luego de alcanzado este tiempo, apague el horno y deje los merengues dentro del horno hasta que estén bien secos. Retírelos del horno. Se pueden almacenar por hasta tres meses. Disfrútelos.

Polvorones

Ingredientes:

- 6 huevos
- 12 medidas de Metabolic Protein™ de vainilla
- 1 cucharadita de jengibre en polvo
- ½ taza de almendras picadas
- 1 taza de sucralosa
- 1 taza de harina de almendras

Procedimiento:

En un tazón grande, mezcle todos los ingredientes menos la harina de almendras, con batidor de mano. Agregue la harina hasta que pueda hacer bolitas con la mezcla. Caliente el horno a 300° F. Coloque los polvorones en una bandeja para hornear engrasada con aceite de coco y hornee por 25 minutos o hasta que los polvorones queden levemente dorados. Deje enfriar completamente.

Turrón de Reyes Magos

Ingredientes:

- ½ libra de "chocolate fudge" o "coconut cluster" (disponibles en NaturalSlim®)
  o ½ libra de chocolate negro sin azúcar
- 2 medidas de Metabolic Protein™ de chocolate
- ½ taza de nueces
- ½ taza de almendras
- ½ taza de avellanas
- ½ taza de crema de leche baja en grasa
- 4 sobrecitos de sucralosa

Procedimiento:

Derrita el chocolate en baño de María, a temperatura baja, agregando la crema de leche y batiendo lentamente hasta que se incorpore y derrita todo. Retire la mezcla del baño de María y agregue las nueces, las almendras y las avellanas, previamente picadas en trocitos. Añada la batida a toda la mezcla. Esto aumentará la consistencia del chocolate para que quede más duro y crocante, además de aportarle proteínas. Sirva la mezcla, que tiene una consistencia como una pasta, en un molde de acero previamente engrasado con aceite de coco. Refrigere durante dos horas aproximadamente. Desmolde la pasta y píquela en trocitos.

Dips o cremas dulces

Crema batida casera

Ingredientes:
- 3 cucharadas de estevia granulada
- extracto de vainilla al gusto
- 1 taza o 8 onzas de crema de leche para postres

Procedimiento:
Enfríe el tazón de la batidora que usará para preparar la receta y la crema de leche unos 10 a 15 minutos en el refrigerador. Una vez fríos y justo antes de comenzar, retire el tazón del refrigerador. Vierta la taza de crema de leche fría en el tazón y añada la estevia. Comience a batir en velocidad baja durante unos 30 segundos o hasta que se mezcle bien y añada la vainilla al gusto. Vuelva a mezclar con la batidora hasta que la crema quede a punto de pico. Almacene cualquier porción sobrante en un recipiente hermético cerrado por hasta diez horas. Cuando esté listo para usar, vuelva a batir durante 10 a 15 segundos.

Crema de avellanas y chocolate

Ingredientes:
- 2 tazas de avellanas o "hazelnuts" sin cáscara
- ¼ taza de estevia o sustituto de azúcar
- 1 cucharada de cacao sin azúcar
- 2 onzas de chocolate en barra sin azúcar, derretido
- 1 a 2 cucharadas de aceite de coco
- 1 pizca de sal

Procedimiento:
Coloque las avellanas en una bandeja para hornear y tuéstelas a 356º F (180º C) durante 5 a 8 minutos o hasta que logren tener un leve color tostado. Déjelas enfriar. Coloque las avellanas tostadas en un procesador de alimentos y tritúrelas hasta crear una consistencia cremosa. Añada la estevia, la pizca de sal, el cacao sin azúcar y el chocolate derretido, hasta combinar completamente. Por último, poco a poco, añada aceite de coco y vuelva a combinar en el procesador de alimentos hasta que no queden grumos. Coloque la mezcla en un frasco con tapa y póngalo en el refrigerador hasta que enfríe.

Dip de cheesecake

Ingredientes:
- 16 onzas de queso cottage, bajo en grasa
- ½ taza leche de almendras sin endulzar
- ½ cucharada de vinagre blanco
- 2 cucharadas de estevia o sucralosa
- 1 cucharadita de vainilla líquida o en pasta

Procedimiento:
Añada todos los ingredientes en la licuadora o procesador de alimentos. Mezcle el puré hasta que esté completamente suave. Sirva inmediatamente o refrigere para más tarde. Puede comerla con frutas o galletas bajas en carbohidratos.

Dip de chocolate

Ingredientes:
- 8 onzas de queso crema, suavizado a temperatura ambiente
- 3 a 4 cucharadas de sucralosa granulada o al gusto
- 6 medidas de Metabolic Protein™ de chocolate
- ½ taza de chocolate oscuro, sin azúcar, con almendras
- 1 cucharada de extracto de vainilla
- 1 pizca de sal

Procedimiento:
En un envase de cristal, mezcle el queso con una batidora de mano, añada la estevia y una cucharadita de vainilla. Divida la mezcla en tres partes, en diferentes envases, y a cada parte añada las dos medidas de proteína, por sabores. Coloque la mezcla en la nevera para que vuelva a tomar consistencia. En tres envases de cristal, coloque las almendras picadas o el chocolate en el fondo de cada uno. Luego coloque cada mezcla de proteína en capas, poniendo inicialmente la mezcla de chocolate, luego la de fresa y finalmente la de vainilla; en ese orden. Coloque galletas bajas en carbohidratos alrededor.

Dip napolitano

Ingredientes:
- 8 onzas de queso crema, suavizado a temperatura ambiente
- 3 a 4 cucharadas de estevia o al gusto
- 2 medidas de Metabolic Protein™ vainilla, chocolate y fresa
- almendras picadas o chocolate con almendras o chocolate oscuro con almendras

Procedimiento:
En un envase de cristal, mezcle queso con una batidora de mano, añada la estevia y una cucharadita de vainilla. Divida la mezcla en tres partes, en diferentes envases, y a cada parte añada las dos medidas de batida, por sabores. Coloque la mezcla en la nevera para que vuelva a tomar consistencia. Debe hacer el procedimiento con cada sabor, poniendo inicialmente la mezcla de chocolate, luego la fresa y finalmente la de vainilla, en ese orden. Coloque galletas bajas en carbohidratos alrededor.

Foundue de chocolate

Ingredientes:
- ½ libra de chocolate fudge de NaturalSlim®
- 4 cucharadas de extracto de vainilla
- 2 cucharadas de crema de leche (heavy cream)

Procedimiento:
Coloque todos los ingredientes en una olla y derrita y mezcle a fuego lento. Deje enfriar y estará listo para "dipear" sus frutas. Si lo desea más espeso, añada un medida de batida de chocolate Metabolic Protein™.

Panes, arepas y tortillas

Arepas de coco

Ingredientes:
- 1 taza de harina de coco
- 2 cucharaditas de polvo para hornear
- ½ taza de leche de coco sin azúcar, caliente
- 1 huevo
- 2 cucharadas a ¼ de taza de estevia granulada
- 1 pizca de sal
- ½ cucharadita de "xanthan gum" o goma xantana
- 1 cucharadita de cáscara de psyllium molida
- aceite de coco para freír

Procedimiento:
En un tazón, mezcle la harina, la estevia, la sal, la cáscara de psyllium, el huevo y el polvo de hornear. Poco a poco, añada la leche de coco y amase hasta crear una masa y que pueda hacer bolitas con la masa. Aplaste las bolitas para darles la forma que desee. Fría en aceite de coco, a fuego medio, hasta que queden doradas y completamente cocidas.

Arepas de coliflor y queso

Ingredientes:
- 1 cabeza de coliflor
  (o una bolsa de 16 onzas de coliflor congelada)
- 1 taza de queso rallado
- ½ taza de queso parmesano
- 2 huevos grandes
- ½ taza harina de almendras
- ½ cucharadita de sazonador italiano (opcional)
- ½ cucharadita de pimienta de cayena o al gusto
- ½ cucharadita de sal
- ¼ de cucharadita de pimienta
- ¼ cucharadita de ajo o cebolla en polvo
- aceite de coco

Procedimiento:
Corte la coliflor en florecitas y cocine en agua hirviendo hasta que estén tiernas, unos 8 a 10 minutos. Escurra y luego procese la coliflor en el procesador de alimentos o en un rallador de mano hasta que tenga la textura de arroz.

En un tazón grande, coloque todos los ingredientes y mezcle hasta que queden bien incorporados. Forme la mezcla de la coliflor en arepas. La cantidad de arepas de coliflor dependerá del tamaño que desee las mismas. Caliente una sartén antiadherente a fuego medio-alto y llene con aproximadamente media pulgada de aceite de coco. Cocine hasta que estén doradas por ambos lados; unos 3 a 4 minutos por lado. Disfrútelas calientes.

Pan de almendras para hamburguesas

Ingredientes:
- 1 cucharada de aceite de coco o mantequilla derretida
- 1 huevo, ligeramente batido
- 1 cucharada de leche de coco
- 1 cucharada de harina de almendras
- 1 cucharada de harina de coco
- ⅛ cucharadita de bicarbonato de sodio
- semillas de sésamo para la parte superior (opcional)

Procedimiento:
En un tazón grande, mezcle el aceite o mantequilla derretida, el huevo, la leche, la harina de almendras, la harina de coco, y el bicarbonato de sodio. Vierta la mezcla en un molde para hornear panecillos de cuatro pulgadas, engrasado con aceite de coco. Espolvoree con semillas de sésamo. Hornee durante 18 a 20 minutos a 350º F.

• Panes, arepas y tortillas

Pan de almendras Tipo A

Ingredientes:
- 2¼ tazas de harina de almendras
- ¼ taza de semillas de linaza
- ½ cucharadita de bicarbonato de sodio
- ½ cucharadita de sal de mar (con textura fina)
- 5 huevos
- 1½ cucharadas de aceite de coco
  o mantequilla derretida
- 1 cucharada de aceite de oliva
- 1 cucharada de vinagre de manzana
- 1 sobre de sucralosa o estevia (opcional)
- 2 cucharaditas de hojas de tomillo fresco (thyme)
- 2 cucharaditas de romero fresco, finamente picado

Procedimiento:
Precaliente el horno a 350° F. En un procesador de alimentos, combine los ingredientes secos hasta que estén bien mezclados. Añada al procesador los ingredientes húmedos y mézclelos bien, por unos 20 segundos. Raspe los bordes (para que todo mezcle bien) y añada las hierbas. Mezcle las hierbas en la masa sin hacer puré de ellas. La masa será como una pasta muy espesa. Vierta la masa en un molde para pan engrasado de 9"x5". Hornee a 350° F durante 30 a 35 minutos, o hasta que un palillo salga limpio del centro. Deje enfríar en el molde durante 30 minutos antes de servir.

Pan de jengibre y almendras

Ingredientes:
- 6 huevos
- 12 medidas de Metabolic Protein™ de vainilla
- 2 cucharadas de jengibre en polvo
- ½ taza de almendras picadas
- ½ taza de sucralosa
- ralladura de jengibre natural (opcional)

Procedimiento:
Mezcle todo con batidor de mano. Coloque en un molde cuadrado, engrasado con aceite de coco. Hornee a 300º F por 25 minutos.

Panecillo para sub-sándwich

Ingredientes:
- 1½ taza de harina de almendras
- 5 cucharadas de semillas de linaza en polvo
- 2 cucharaditas de polvo para hornear
- 1 cucharadita de sal
- 2½ cucharadas de vinagre de manzana (1 onza)
- 3 claras de huevo (6 claras de huevo si se utiliza harina de coco)
- ⅞ taza (un poco menos de una taza) de agua caliente

Procedimiento:
En un tazón grande, mezcle todos los ingredientes y añada el agua al final, poco a poco, creando una masa (use un batidor de mano). Luego, en una bandeja para hornear engrasada con aceite de coco o cubierta con papel para hornear, divida la masa en cinco, con forma de pan "subs" o use un molde para subs. Hornee a 350º F de 45 a 50 minutos. Cuando estén listos, deje enfriar.

Pan dulce de zucchini

Ingredientes:
- 1 taza de calabacín (zucchini)
- 4 huevos
- ¼ taza de estevia
- ½ taza de yogur griego sin azúcar
- 2 cucharadas de aceite de coco
- ¼ taza de harina de coco
- 1 taza de harina de almendras
- ¾ cucharadita de bicarbonato de sodio
- ½ cucharadita de sal
- 1 cucharada de canela molida
- 1 cucharada de extracto de vainilla
- 1 cucharadita de vinagre de sidra de manzana

Procedimiento:
Precaliente el horno a 350º F. Prepare el calabacín pasándolo por un rallador o en un procesador de alimentos para que el calabacín quede finamente procesado. Luego, use un pedazo de estopilla o una toalla de cocina limpia para exprimir toda la humedad del calabacín procesado. En un

tazón grande, mezcle el huevo, la vainilla, una cucharada de aceite de coco y el yogur. Luego, añada los ingredientes secos, el calabacín y el vinagre de sidra de manzana y mezcle hasta que la masa esté lisa. Vierta la masa en un molde de pan engrasado con aceite de coco y hornee durante 45 a 50 minutos o hasta que pueda insertar un palillo en el centro del pan y éste salga limpio.

Tortillas de linaza

Ingredientes:
- ⅓ taza de agua hirviendo
- ½ taza de semillas de lino dorado (linaza)
- sal al gusto
- 1 cucharadita de aceite de coco

Procedimiento:
En un procesador de alimentos, triture las semillas de linaza hasta que queden finamente molidas. En un tazón grande, coloque la semilla de linaza triturada con la sal y lentamente añada el agua hirviendo, incorporando los ingredientes con un tenedor. Una vez tenga la consistencia de masa y esté lo suficientemente fría para manejar, divida en dos porciones y forme unas bolitas con la masa. Para facilitar el manejo de la masa, puede colocar una hoja de papel encerado para aplanar las bolitas de masa con un rodillo hasta que queden del grosor deseado. Caliente una sartén grande, antiadherente, a fuego medio-alto y engrase con aceite de coco. Coloque su tortilla de lino y cocine levemente hasta que queden doradas por ambos lados. Rellene como guste y disfrute.

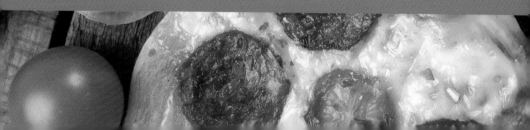

Pizzas y calzones

Calzone de pollo, alcachofa y pesto

Ingredientes:

Masa:
- 2 tazas de queso mozzarella rallado
- 2 onzas de queso crema a temperatura ambiente
- ¼ taza de queso parmesano
- 1 huevo
- ½ cucharadita de sal
- 1¼ taza de harina de almendras
- 1 cucharadita de especias italianas

Relleno:
- ¼ taza de queso mozzarrella rallado
- salsa pesto
- pollo cocido y desmenuzado
- 1 onza de alcachofas en aceite de oliva

Procedimiento:
En un baño de María, derrita el queso mozzarella. En un tazón grande, combine todos los ingredientes de la masa menos el huevo. Mezcle bien hasta que se forme una masa pegajosa. En este punto, añada el huevo y continúe mezclando hasta que todos los ingredientes estén bien incorporados. Si la masa queda muy pegajosa, puede añadir más harina de almendras.

Coloque papel de hornear sobre una bandeja para hornear pizza o una bandeja para hornear que sea plana. La masa es algo suave y pegajosa. Coloque la masa entre dos hojas de papel para hornear y prosiga a aplanar la masa para que quede al grosor de ½ a ¾ pulgada. Coloque en el refrigerador unos 20 minutos.

Precaliente el horno a 425º F. Saque la masa del refrigerador, retire el papel de hornear que está sobre la masa y rellene con el queso, la salsa pesto, las alcachofas y el pollo desmenuzado, teniendo cuidado de dejar espacio para cerrar el calzone. Delicadamente, cierre el calzone, doblando los bordes para que no se salga el relleno y haga una pequeña abertura en el tope del calzone para que salga el vapor. Hornee unos 12 a 15 minutos hasta que la masa esté cocida y dorada.

Masa de pizza Tipo A

Ingredientes:

- 2 tazas de queso mozzarella rallado
- 2 onzas de queso crema a temperatura ambiente
- ¼ taza de queso parmesano
- 1 huevo grande
- ½ cucharadita de sal
- 1¼ taza de harina de almendras
- 1 cucharadita de especias italianas

Procedimiento:

En un baño de María, derrita el queso mozzarella.

En un tazón grande, combine todos los ingredientes menos el huevo. Mezcle bien hasta que se forme una masa pegajosa. En este punto, añada el huevo y continúe mezclando hasta que todos los ingredientes estén bien incorporados. Si la masa queda muy pegajosa, puede añadir más harina de almendras.

Coloque papel de hornear sobre una bandeja para hornear pizza o una bandeja para hornear que sea plana. La masa es algo suave y pegajosa. Coloque la masa entre dos hojas de papel para hornear y prosiga a aplanar la masa para que quede al grosor de ½ a ¾ pulgada. Coloque en el refrigerador unos 20 minutos.

Precaliente el horno a 425º F. Saque la masa del refrigerador, retire el papel de hornear que está sobre la masa. Hornee unos 12 a 15 minutos hasta que la masa esté cocida y levemente dorada. Ya está lista para que coloque sus ingredientes favoritos y disfrute su pizza de alimentos Tipo A.

Pizza Margarita

· 20 gramos de carbohidratos aproximadamente

Ingredientes:
- 1 pizza crust de NaturalSlim®
  o su masa de pizza Tipo A, ya horneada
- ½ taza de queso mozzarella rallado
- 2 cucharadas de aceite de coco
- 2 a 3 hojas de albahaca fresca picadita
- 4 rebanadas de tomate fresco

Procedimiento:
Coloque su masa de pizza baja en carbohidratos,
ya horneada, o el pizza crust sobre una bandeja
de hornear. Aplique el aceite de coco a modo de salsa sobre la masa. Coloque
el queso sobre el pizza crust, luego riegue sobre la pizza la albahaca picadita
y coloque las cuatro rebanadas de tomate sobre la pizza. Precaliente el horno
convencional o el horno tostador a 400° F. Hornee hasta que se derrita el
queso y la masa esté crujiente.

Pizza mediterránea

· 22 gramos de carbohidratos aproximadamente

Ingredientes:
- 1 pizza crust de NaturalSlim®
  o su masa de pizza Tipo A, ya horneada
- ½ taza de queso feta
  o queso de cabra bajo en grasa, rallado
- 2 cucharadas de la salsa pesto de su predilección
- ¼ taza de espinaca fresca
- ¼ taza de tomate picadito
- 1 pechuga de pollo en tiras
- ¼ taza de aceitunas negras

Procedimiento:
Coloque su masa de pizza baja en carbohidratos
sobre una bandeja de hornear. Aplique la salsa pesto
sobre el pizza crust, coloque las hojas de espinaca fresca y luego coloque el
queso sobre las espinacas. Riegue el tomate picado, el pollo y las aceitunas
negras. Precaliente el horno convencional o el horno tostador a 400° F.
Hornee hasta que se derrita el queso y la masa esté crujiente.

Pizza mexicana

· 20 gramos de carbohidratos aproximadamente

Ingredientes:
- 1 pizza crust de NaturalSlim®
  o su masa de pizza Tipo A, ya horneada
- ½ taza de queso mozzarella bajo en grasa, rallado
- 2 cucharadas de salsa de pizza de su predilección
- 6 onzas de steak cocido o 6 onzas de carne molida
- cebolla cortada en cubitos, al gusto
- pimiento cortado en cubitos, al gusto
- tomate cortado en cubitos, al gusto

Procedimiento:
Coloque su masa de pizza baja en carbohidratos sobre una bandeja de hornear. Aplique la salsa sobre el pizza crust, coloque la carne molida o el steak sobre la salsa. Luego coloque el queso sobre la carne, riegue el tomate, la cebolla y el pimiento picado. Precaliente el horno convencional o el horno tostador a 400° F. Hornee hasta que se derrita el queso y la masa esté crujiente.

Pizza de pepperoni

· 20 gramos de carbohidratos aproximadamente

Ingredientes:
- 1 pizza crust de NaturalSlim®
  o su masa de pizza Tipo A, ya horneada
- ½ taza de queso mozzarella bajo en grasa, rallado
- 2 cucharadas de salsa de pizza de su predilección
- pepperoni en rebanadas
- hojas de orégano seco

Procedimiento:
Coloque su masa de pizza baja en carbohidratos sobre una bandeja de hornear. Aplique la salsa sobre el pizza crust, coloque el queso y encima los pepperonis. Precaliente el horno convencional o el horno tostador a 400° F. Hornee hasta que se derrita el queso y la masa esté crujiente.

Pizza de pollo y tocineta

· 20 gramos de carbohidratos aproximadamente

Ingredientes:

- 1 pizza crust de NaturalSlim®
  o su masa de pizza Tipo A, ya horneada
- ½ taza de queso mozzarella bajo en grasa,
  rallado
- 2 cucharadas de salsa Alfredo (puede sustituir
  la salsa Alfredo por la salsa de pizza
  de su predilección o aceite de coco)
- 1 pechuga de pollo en tiras
- 1 cucharada de pedacitos de tocino
  (bacon bits –lo encuentra en el supermercado)

Procedimiento:

Coloque su masa de pizza baja en carbohidratos sobre una bandeja de hornear. Aplique la salsa Alfredo sobre el pizza crust. Luego, coloque el queso y encima la pechuga de pollo en tiras y riegue por toda la pizza la cucharada de "bacon bits". Precaliente el horno convencional o el horno tostador a 400º F. Hornee hasta que se derrita el queso y la masa esté crujiente.

Delicias sin remordimiento

Aperitivos y acompañantes

Arroz de coliflor

Ingredientes:
- 2 cucharadas de Coco 10-Plus™ (aceite de coco)
- 1 cebolla mediana, cortada en cuadritos
- 1 cabeza de coliflor, picada en trozos grandes
- ¼ cucharadita de sal de mar

Procedimiento:
En una sartén grande, caliente el aceite de coco, a fuego medio. Saltee la cebolla, a fuego medio, durante 10 minutos, hasta que esté blanda. Mientras tanto, coloque la coliflor en un procesador de alimentos con la cuchilla en forma de S y procese hasta que quede con textura de arroz. Si usted no tiene un procesador de alimentos no se preocupe, puede simplemente usar un rallador de queso para rallar la coliflor, ya que funciona increíblemente bien. Añada la coliflor a la sartén, cubra y cocine de 5 a 10 minutos, hasta que estén suaves, luego agregue la sal.

Bolitas de bacalao con queso (no fritas)

Ingredientes:
- 1½ taza de bacalao desmenuzado, desalado y pasado por un colador para liberar la mayor cantidad de agua o líquido
- 6 onzas de queso crema
- ½ cucharada de perejil picado y ajo
- sal y pimienta, o adobo al gusto
- ½ taza de queso parmesano
- 1 cucharada de paprika

Procedimiento:
Mezcle el bacalao, el queso crema, el perejil, el ajo y el adobo al gusto. Haga unas bolitas con la mezcla y empánelas con el queso parmesano espolvoreado con paprika. Refrigere por cuatro horas.

Bolitas de queso dulce

Ingredientes:
- 8 onzas de queso crema suavizado a temperatura ambiente
- 3 a 4 cucharadas de estevia o al gusto
- 4 medidas de batida Metabolic Protein™ de vainilla, chocolate o fresa
- ½ cucharadita de extracto de vainilla
- 1 pizca de sal
- almendras picadas o chocolate sin azúcar (rallado)

Procedimiento:
En un tazón de cristal, mezcle el queso con una batidora de mano, añada la estevia, las cuatro medidas de su batida preferida, la vainilla y la sal. Coloque la mezcla en la nevera para que vuelva a tomar consistencia, alrededor de una a dos horas, hasta que pueda formar bolitas con la mezcla de queso crema. Prepare 20 bolitas con sus manos y luego pase las bolitas sobre almendras trituradas o chocolate rayado. Refrigere y disfrútelas.

Majado de coliflor

Ingredientes:
- 2 tazas de coliflor lavadas y cortadas
- 2 dientes de ajo
- 2 cucharadas de mantequilla
- sal y pimienta al gusto
- 2 onzas de queso crema

Procedimiento:
Cocine la coliflor al vapor por 10 minutos. Luego, coloque todos los ingredientes en un procesador de alimentos y mézclelos hasta

• Aperitivos y acompañantes

que tengan una textura cremosa. Sirva en un plato y añada perejil por encima o cebollines para decorar.

Galletas saladas de queso

Ingredientes:
- ¼ taza de queso cheddar rallado
- ¼ taza de queso mozzarella rallado
- ¼ taza de queso parmesano rallado
- 1 taza de harina de almendras
- ⅛ cucharadita de sal
- ¼ cucharadita de bicarbonato de sodio
- 1 cucharada de aceite de coco
- 1 huevo

Procedimiento:
Precaliente el horno a 350º F (175º C). En un tazón mediano, combine la harina de almendras, la sal, el bicarbonato de sodio y los quesos. En un tazón más pequeño, bata el huevo y el aceite. Vierta la mezcla de huevo en los ingredientes secos y revuelva hasta que todo quede combinado. Cubra una bandeja con papel de hornear antiadherente. Sobre el papel para hornear, coloque la bola de masa y coloque otro papel sobre ésta. Aplane la masa con un rodillo hasta que quede con un espesor de alrededor de ⅛ de pulgada o del grosor que desee su galleta. Remueva el papel superior y corte la masa en trozos cuadrados de dos pulgadas. Coloque la masa en el horno y hornee las galletas por 12 a 15 minutos, o hasta que estén ligeramente doradas. Deje que las galletas se enfríen en la bandeja antes de removerlas de la misma.

Guacamole

Ingredientes:
- 1 a 2 aguacates
- ¼ de cebolla o al gusto, bien picadita
- 1 a 2 tomates pequeños
- salsa picante o un chile picante, al gusto
- ½ limón o lima
- varias hojas de cilantro fresco
- sal y pimienta al gusto

Procedimiento:

No pele el aguacate hasta el final, de lo contrario se pondrá oscuro. Pique la cebolla en pedacitos pequeños y finos. Quítele la mayor cantidad de semillas posible al tomate y píquelo muy fino. Pique el cilantro bien fino y añada sólo media cucharada. Añada la salsa picante o pique el chile bien fino, al gusto. Pele el aguacate, póngalo en un envase de cristal, exprima el limón sobre el aguacate y mezcle con una cuchara el resto de los ingredientes.

Hummus de nuez

Ingredientes:

- 1¼ taza de nueces mixtas o la pulpa de nuez sobrante de hacer leche de nuez casera
- 1 diente de ajo
- 4 cucharadas de jugo de limón
- 2 cucharadas de agua
- 4 cucharadas de pasta de sésamo o tahini
- 6 onzas de queso crema a temperatura ambiente
- 1 cucharadita de comino molido
- ¼ cucharadita de chile o pimienta cayena
- sal y pimienta al gusto

Procedimiento:

En un procesador de alimentos, procese primero el ajo hasta que quede una pasta. Luego incorpore todos los ingredientes, menos las nueces. Mezcle hasta obtener una crema. Con el motor en marcha, lentamente agregue las nueces, una cucharada a la vez, hasta crear la consistencia deseada. Si la mezcla está muy espesa, puede añadir el agua poco a poco para que se incorpore mejor. Una vez listo, sirva o guarde en el refrigerador.

Mac & cheese de coliflor

Ingredientes:
- 1 coliflor de cabeza grande, cortada en pequeños floretes
- 1 cucharadita de aceite de oliva o aceite de coco
- 1 cucharada de mantequilla
- ¼ de taza de cebolla, cortada en cubitos
- 1 diente de ajo picado
- ¾ taza de leche de almendras sin endulzar (más si es necesario)
- 1 taza de queso cheddar, triturado
- 1 taza de queso mozzarella o mezcla italiana, desmenuzado
- ¼ taza de queso parmesano
- 4 onzas de queso crema (también puede usarse crema agria)
- ¼ de cucharadita de pimienta negra
- ¼ de cucharadita de sal

Procedimiento:
Lave y corte la coliflor en sus pequeñas florecitas. Puede cocinar al vapor o hervir la coliflor en agua durante cinco minutos o hasta que quede al dente. Mientras la coliflor se está cociendo, caliente una cacerola grande o una olla a fuego medio-alto. Agregue el aceite de oliva, la mantequilla y las cebollas. Cocine las cebollas durante 3 a 5 minutos o hasta que empiecen a dorarse. Añada el ajo y cocine por sólo 30 segundos. Añada la leche y los quesos. Mezcle hasta que el queso esté completamente derretido y la textura sea suave. Añada la coliflor a la mezcla de quesos y combine hasta que cada florecita de coliflor esté cubierta de la salsa de queso. En un molde para hornear pequeño, previamente engrasado, coloque la mezcla de coliflor y queso y cubra con un poco de queso rallado y queso parmesano. Precaliente el horno a 350º F y hornee por unos 5 a 10 minutos o hasta que el queso del tope se derrita y quede levemente tostado. Sirva caliente.

Palitos de queso de coliflor

Ingredientes:

- 2 tazas de coliflor
- 2 huevos
- 3 tazas de queso mozzarella
- 3 cucharaditas de orégano
- 4 dientes de ajo, picados
- sal y pimienta al gusto

Procedimiento:

Precaliente el horno a 400º F. Corte la coliflor en sus florecitas individuales y cocine al vapor hasta que estén levemente cocidas. Coloque la coliflor en un procesador de alimentos y triture hasta que parezca arroz. Coloque el arroz de coliflor en una toalla de cocina limpia y exprima el exceso de agua que contenga. En un tazón grande, coloque la coliflor y mezcle con una taza de queso rallado y el resto de los ingredientes. En una bandeja de hornear, coloque papel pergamino y vierta la mezcla de coliflor. Esparza la mezcla hasta crear un rectángulo del grosor deseado. Coloque en el horno unos 15 a 20 minutos o hasta que la masa comience a dorar. Espolvoree las dos tazas de queso mozzarella y una pizca de orégano sobre la masa de coliflor y vuelva a colocar en el horno unos diez minutos o hasta que el queso se derrita. Una vez el queso se derrita, remueva del horno y deje reposar unos cinco minutos antes de cortar.

Rollitos de canela

Ingredientes:
- 2 tortillas bajas en carbohidratos de NaturalSlim®
- ½ taza de queso crema, a temperatura ambiente
- canela al gusto
- almendras trituradas
- ¼ taza de sirope de panqueques sin azúcar
- sucralosa al gusto
- una cucharadita de extracto de vainilla y de almendras

Procedimiento:
Mezcle todos los ingredientes en un tazón grande hasta tener una mezcla suave. Ponga la mezcla en las tortillas y enróllelas. Coloque los rollitos en el refrigerador durante dos horas para que afirme la mezcla de queso y los rollitos aguanten su forma. Luego, pique las tortillas enrolladas en cuatro porciones. Colóquelas en un molde engrasado con aceite de coco. Entonces espolvoree la canela y el sirope de panqueques por encima. Hornee por 15 minutos en un horno precalentado a 350º F. Puede disfrutarlos tanto calientes como fríos.

Sándwich o tostadas de walnuts y sirope

Ingredientes:
- 8 onzas de queso crema
- 1 cucharada de extracto de vainilla
- 2 cucharadas de sucralosa
- ¼ taza sirope de panqueques sin azúcar
- ½ taza de walnuts triturados (nueces de castilla)
- pan de canela y pasas bajo en carbohidratos, disponible en NaturalSlim®

Procedimiento:
Mezcle todos los ingredientes, menos las nueces, en un tazón, hasta tener una mezcla cremosa. Añada finalmente las nueces. Coloque la mezca sobre el pan, preparando las tostadas o puede hacer emparedados dulces. Puede añadir más sirope sobre los mismos.

Tarta de salmón ahumado para las fiestas

Ingredientes:
- ½ libra de salmón ahumado
- 8 onzas de queso crema
- 1 taza de espárragos frescos, picados, cocidos al vapor
- jugo de medio limón
- 2 cucharadas de perejil fresco picado
- sal y pimienta al gusto

Procedimiento:
En un envase de cristal, mezcle el queso crema con el perejil fresco y sal y pimienta al gusto. En un tazón aparte, coloque los espárragos, rocíelos con un poco de limón y sazone con la sal y la pimienta. En un molde redondo, coloque papel transparente para que facilite el proceso de desmoldar la tarta. Luego, coloque las lascas de salmón ahumado en el fondo, vierta la preparación de queso crema y coloque sobre éstas la preparación de espárragos al vapor. Presione para que se compacte toda la mezcla. Refrigere por una hora, desmolde y sirva con chips de zucchinis horneados o pepino fresco en rodajas.

Totopos al horno

- 6 gramos de carbohidratos por porción

Ingredientes:
- un paquete de tortillas bajas en carbohidratos
- 1 cucharada de aceite de coco
- 2 cucharadas de jugo de limón
- 1 cucharadita de comino molido u orégano
- 1 cucharadita de chile en polvo o paprika
- 1 cucharadita de sal
- atomizador o brocha para cocinar

Procedimiento:
Precaliente el horno a 200º F. Corte las tortillas en triángulos y colóquelas en una bandeja o molde para hornear galletas. En un frasco con atomizador, vierta el aceite de coco y el jugo de limón. Mézclelos bien y rocíe cada pedazo de tortilla logrando humedecer ligeramente. Si no tiene un atomizador, lo puede hacer a mano con una brocha, pasando la mezcla

• Aperitivos y acompañantes

ligeramente sobre las tortillas (si utilizará una brocha, se recomienda que haga este proceso antes de cortarlas). Mezcle el comino, el chile en polvo y la sal en un tazón pequeño y espolvoree sobre las tortillas. Hornee alrededor de siete minutos. Rote la bandeja o molde y hornee otros ocho minutos o hasta que los totopos se vean crujientes, pero no muy dorados. Sirva calientes o a temperatura ambiente con salsa, dip o guacamole.

Bebidas

Coquito puertorriqueño

Ingredientes:
- ½ taza sucralosa granulada
- 2 latas (13.5 onzas) leche de coco sin azúcar
- ¼ cucharadita canela en polvo
- ⅛ cucharadita nuez moscada en polvo
- ⅛ cucharadita clavo en polvo
- 2 cucharaditas de extracto de vainilla puro
- 2 cucharaditas de extracto de coco
- 6 a 8 medidas de batida Metabolic Protein™ de vainilla

Procedimiento:
Mezcle todo, envase en una botella de cristal, refrigere y consuma con moderación. Debe consumirse el mismo día, pues no contiene preservantes.

Frappé de café

Ingredientes:
- 8 onzas de agua fría
- 2 medidas de Metabolic Protein™ de vainilla
- 1 taza de café negro (previamente endulzado)
- 1 pizca de sal
- ¼ taza de sucralosa
- ½ cucharada de extracto de vainilla
- canela molida al gusto, opcional
- 2 tazas de hielo

Procedimiento:
Coloque, en una licuadora, el agua fría, la batida de proteína y mezcle hasta que quede bien incorporado. Luego, coloque todos los ingredientes (salvo la canela) en la licuadora por aproximadamente 10 segundos, hasta que se mezclen. Vierta sobre los cubos de hielo o el hielo molido en vasos altos. Incluso, en la licuadora, puede agregar el hielo y molerlo todo junto. Espolvoree la canela sobre la mezcla. También puede colocarle crema batida.

Frappé de chocolate

Ingredientes:
- ½ taza de yogur natural sin grasa congelado
- 4 onzas leche de almendras
- ½ taza de pecans (nueces pecanas)
- 1 cucharada de semillas de lino (linaza)
- 1 cucharada de extracto de vainilla
- 2 cucharaditas de estevia
- 1 medida de Metabolic Protein™ de chocolate

Procedimiento:
Mezcle todos los ingredientes en una licuadora o "blender". Una vez esté todo incorporado, vierta en un vaso y disfrute.

Frappé de fresas

Ingredientes:
- ½ taza de estevia
- 1 taza de fresas congeladas
- ½ taza de agua
- ½ taza de hielo

Procedimiento:
Limpie bien las fresas y corte los tallitos. Coloque media taza de agua con media taza de estevia en una olla y déjelo hervir unos minutos hasta que quede disuelto el endulcorante. Saque del fuego y deje reposar el sirope hasta que enfríe completamente. Coloque las fresas congeladas, el sirope y el hielo en una licuadora y triture hasta quedar la consistencia de frappé. Vierta en una copa bonita y disfrute.

Horchata de ajonjolí

Ingredientes:
- 1 taza de semillas de ajonjolí
- 4 tazas de agua
- 2 cucharadas de estevia o al gusto

Procedimiento:
Tueste el ajonjolí en un caldero o sartén grande. Mueva las semillas constantemente, con una cuchara de madera, hasta que comiencen a dorar; no muy oscuras porque si no le dará un sabor amargo al jugo. Échelas en la licuadora con el agua o, si prefiere, puede usar leche de almendras o de coco sin azúcar. Muélalas, hasta que la mezcla se vea blanca como la leche. Después, pase el líquido por un colador de metal o de tela. Exprima las semillas con una cuchara. En este punto, si desea, puede volver a agregar las semillas a la licuadora con un poco más de agua y volverlas a procesar para sacar un poco más, pero vaya probando la horchata para que no se diluya demasiado y quede muy aguada. Endúlcela con estevia. Sírvala con unos cubitos de hielo o puede hacerla tipo frappé. También puede colocar la mezcla en molde para paletas heladas o preparar en vasitos como limbers.

Infusión de aguas refrescantes

Ingredientes:
- ½ pepino rebanado
- 1 limón rebanado
- hojas de menta fresca
- 1 manzana verde, rebanada muy finamente
- 24 onzas de agua fría

Procedimiento:
Una vez cortados todos los vegetales y frutas, llene una jarra con agua fría. Para infundir el agua, coloque las frutas y vegetales en el agua y colóquelos en el refrigerador de una a cuatro horas. Después de cuatro horas, los cítricos sin pelar pueden dar un sabor amargo al agua.

Una vez la infusión esté lista, disfrute. Puede hacer muchas combinaciones. **Frutas y vegetales:** manzanas verdes, zanahorias, apio, pepinos, limones, limas verdes, fresas y perejil, entre otros. **Hierbas y especias:** albahaca, cardamomo, cilantro, canela, raíz de jengibre, menta, romero, anís estrellado y vainilla en vaina, entre otros.

Jugo verde para eliminar grasa y desintoxicar

Ingredientes:
- 2 rábanos
- un tallo de brócoli fresco
- 1 pepino
- 1 taza de espinacas o kale
- jugo de dos limones
- ½ manzana verde (opcional)

Procedimiento:
En un extractor de jugos, procese todos los vegetales hasta extraer unas 8 a 10 onzas. Vierta el jugo de vegetales en un vaso con hielo y consuma inmediatamente.

Limonada verde, que te quiero verde

Ingredientes:
- un galón de agua
- ½ taza de sucralosa o estevia
- jugo de cuatro limones
- 1 limón cortado en rebanadas finas
- 1 kiwi sin piel, majado con un tenedor
- 1 kiwi picado en rebanadas finas
- 2 tazas de hielo

Procedimiento:
En una jarra de cristal para bebidas, mezcle todos los ingredientes. Otra opción a esta receta es colocar la mezcla en envases para crear paletas heladas y congelarlas por seis horas.

Leche de almendras

Ingredientes:
- 1 taza de almendras crudas
- 2 tazas de agua
- ½ cucharadita de sal
- tamiz o colador fino, con varias capas de estopilla
- vainilla (opcional)

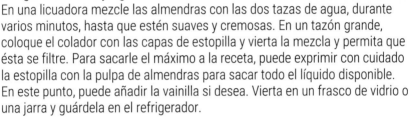

Procedimiento:
Remoje las almendras por lo menos 24 horas en agua con sal. Enjuague bien las almendras.
En una licuadora mezcle las almendras con las dos tazas de agua, durante varios minutos, hasta que estén suaves y cremosas. En un tazón grande, coloque el colador con las capas de estopilla y vierta la mezcla y permita que ésta se filtre. Para sacarle el máximo a la receta, puede exprimir con cuidado la estopilla con la pulpa de almendras para sacar todo el líquido disponible. En este punto, puede añadir la vainilla si desea. Vierta en un frasco de vidrio o una jarra y guárdela en el refrigerador.

Leche de coco

Ingredientes:
- la pulpa de un coco seco
- 2 tazas de agua
- tamiz o colador fino, con varias capas de estopilla
- vainilla (opcional)

Procedimiento:
Corte los pedazos de coco en cubos pequeños, fáciles de procesar; puede rallar el coco si desea. En una olla o cacerola grande, hierva las dos tazas de agua.
Coloque el coco y el agua caliente en una licuadora o "blender", durante varios minutos, hasta que quede suave y cremosa. En un tazón grande, coloque el colador con las capas de estopilla y vierta la mezcla y permita que ésta se filtre. Para sacarle el máximo a la receta, puede exprimir con cuidado la estopilla con la pulpa de coco para sacar todo el líquido disponible. En este punto, puede añadir la vainilla si desea.
Vierta en un frasco de vidrio o una jarra y guárdela en el refrigerador.

Combinaciones Dieta 3x1®

Albóndigas de pavo
con espaguetis de zanahoria y zucchini

Ingredientes:

Para las albóndigas:
- 1 libra de pechuga de pavo molida
- 1 cucharada de sazonador orgánico sin sal
- sal, pimienta negra molida y ajo en polvo
- pan sin gluten, molido (opcional)
- 2 cucharadas de aceite de oliva extra virgen

Para los espaguetis de zanahoria y zucchini:
- 3 zanahorias medianas
- 3 zucchini medianos
- 1 diente de ajo
- 1 cucharada de perejil fresco picado
- 1 cucharada de aceite de oliva
- queso parmesano
- sal y pimienta negra recién molida, al gusto

Para la salsa de tomate:
- 2 libras de tomate roma
- ½ cebolla mediana
- 4 dientes de ajo
- ½ pimiento morrón rojo
- 1 cucharada de vinagre balsámico
- 1 cucharada de aceite de oliva
- 2 tazas de caldo de pollo
- 2 ramitas de albahaca fresca, finamente picada
- 4 ramitas de perejil fresco, picado
- 2 ramitas de tomillo fresco
- 2 ramitas de romero fresco, picado
- 1 ramita de orégano fresco, picado
- 2 hojas de laurel deshidratado
- 1 cucharadita de azúcar (opcional, para cortar la acidez del tomate)
- sal de mar y pimienta negra recién molida, al gusto
  Nota: en algunos supermercados venden un ramo de hierbas aromáticas italianas frescas.

Procedimiento:
Salsa de tomate:
Corte el tomate, la cebolla y el pimiento morrón en cubos, por separado.
Pique el ajo finamente y reserve. En una olla mediana, precaliente

el aceite de oliva. Entonces, saltee la cebolla y agregue el ajo picado. Mezcle por un minuto y agregue el pimiento morrón y el tomate. Mueva todo hasta que se mezclen bien todos los ingredientes. Sazone con pimienta, sal y agregue el caldo de pollo. Cuando suelte el hervor, agregue las hierbas aromáticas (la albahaca, el romero, el perejil, el orégano y el tomillo) y deje cocinar por diez minutos. Rectifique la sazón y agregue el azúcar, poco a poco. Deje cocinar por cinco minutos más. Saque la olla del calor y deje enfriar a temperatura ambiente. Luego, retire las ramas de las hierbas y coloque la salsa en una licuadora. Licue la salsa, pásela por un colador y colóquela nuevamente en la olla.

Albóndigas:

Mientras se está cocinando la salsa se preparan las albóndigas. En un recipiente, coloque la carne molida de pavo y agregue el sazonador orgánico, la sal, la pimienta molida y el ajo en polvo. Mezcle manualmente todos los ingredientes perfectamente y forme las albóndigas. En ocasiones queda pegajosa la mezcla. Humedézcase las manos para formar las albóndigas y quedarán más tersas. Caliente la salsa de tomate a punto de ebullición y agregue las albóndigas. Si está muy espesa la salsa, agregue media taza de caldo de pollo o agua. Déjelas cocinar por 20 minutos.

*Opcional: pase las albóndigas por pan molido y saltéelas en una sartén con aceite de oliva, previamente calentado a fuego medio, y después colóquelas en la salsa para terminar su cocción.

Espaguetis de zanahoria y zucchini:

Lave y pele las zanahorias. Ralle, lo más largo posible, las zanahorias y los zucchinis (en el mercado, hay una herramienta que las ralla en espiral y se obtiene el espagueti más largo). Ya que tenga las tiras, precaliente una sartén y agréguele aceite de oliva, saltee el espagueti y sazónelo con sal, pimienta y perejil picado. Cocínelo por 3 a 5 minutos.

Sugerencias para complementar

Acompañante: Ensalada de lechugas con durazno y almendras

Ingredientes:
- 2 tazas de mezcla de lechugas
- 1 taza de arúgula
- 2 duraznos maduros
- 1 pimiento morrón amarillo o naranja
- 2 cucharadas de almendras ralladas
- aderezo casero, a base de aceite de coco

Procedimiento: Corte todos los ingredientes a su preferencia, mézclelos y disfrute junto a sus albóndigas de pavo con espagueti de zanahoria y zucchini.

Camarones al cilantro con pico de gallo de fresas y pepino

Ingredientes:

Para los camarones:
- 1 libra de camarón crudo, mediano o grande
- 1 cucharada de aceite de coco orgánico
- 2 cucharadas de cilantro fresco, picado
- 1 diente de ajo, finamente picado
- sal de mar y pimienta negra recién molida, al gusto

Para el pico de gallo de fresas y pepino:
- 1 taza de fresas lavadas y picadas en cubitos
- 1 chile serrano
- 1 pepino, sin piel y semillas, cortado en cubitos
- ½ cebolla morada, picada finamente
- jugo de cuatro limones
- sal de mar al gusto

Procedimiento:

Camarones:
Pele los camarones y retire la vena que tienen en la parte superior, abriéndolos con un cuchillo. En un recipiente, coloque los camarones y sazónelos con pimienta molida, sal y ajo picado. Agregue el aceite de coco orgánico y mezcle perfectamente para que queden bien impregnados del aceite y el sazonado. Precaliente una sartén a fuego medio y selle los camarones hasta que cambien de color (aproximadamente tres minutos). Retírelos del fuego y agregue el cilantro picado. Mézclelo y reserve. Rectifique la sazón y sirva caliente.

Pico de gallo de fresas y pepino:
En un recipiente de vidrio, coloque el pepino, las fresas, la cebolla, el chile serrano y el cilantro, ya picados. Agregue el jugo de limón, la sal al gusto y deje macerar por una media hora.

Acompañante: Vegetales salteados

Ingredientes:
- 1 calabacita verde (zucchini)
- 1 zanahoria
- 1 pimiento morrón rojo
- ½ pimiento morrón amarillo
- ½ cucharadita de tomillo
- 1 cucharada de aceite de coco orgánico
- sal de mar, pimienta negra molida y ajo en polvo, al gusto

Procedimiento: Corte el zucchini, la zanahoria y el pimiento morrón rojo y amarillo en juliana. Agregue la sal, la pimienta, aceite de coco orgánico y mezcle perfectamente. Precaliente una sartén, a fuego medio y saltee los vegetales por tres a cinco minutos. Deben quedar crujientes. Rectifique lasazón y sirva caliente.

Acompañante: Arroz salvaje

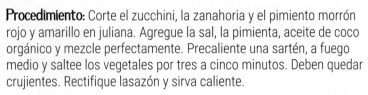

Ingredientes:
- 1 taza de arroz salvaje
- 1 cucharada de aceite de coco orgánico
- 1 diente de ajo
- ½ pulgada de raíz de cúrcuma
- ¼ de cucharadita de curry en polvo
- 2 cucharadas de cebolla picada
- ½ pimiento morrón amarillo
- 2 tazas de agua
- sal, pimienta negra molida, comino molido

Procedimiento: En el vaso de la licuadora, coloque una taza de agua, el ajo, la cebolla, la cúrcuma, el pimiento morrón amarillo, curry en polvo y licue hasta que quede bien molido. En una sartén, ponga a calentar el aceite de coco orgánico y acitrone levemente el arroz. Agregue el licuado, pasándolo por un colador. Sazone con sal, pimienta y comino. Agregue la otra taza de agua, mezcle bien y deje cocinar por 20 minutos. Para que logre un cocimiento uniforme del arroz y que no se pegue, mézclelo en dos o tres ocasiones durante los 20 minutos de cocción. Rectifique la sazón y sirva caliente.

Ingredientes:

- 2 libras de carne de paleta de puerco
  (si prefiere no grasa, utilice lomo de cerdo)
- 4 onzas de pasta de achiote
- 2 tomates roma
- 2 dientes de ajo
- jugo de dos naranjas
- jugo de un limón
- 2 cucharadas de vinagre de manzana
- 1½ cucharadita de orégano deshidratado
- 3 hojas de laurel
- ½ cucharadita de sal de mar
- ¼ cucharadita de pimienta negra, recién molida
- ¼ cucharadita de comino molido
- 2 a 3 hojas de plátano

Procedimiento:

Un día antes: En el vaso de la licuadora, coloque los ingredientes para la marinada de achiote: la pasta de achiote, el tomate, la cebolla, el ajo, el orégano, el jugo de naranja, el jugo de limón, la sal y lícuelos perfectamente. Marine la carne de puerco, con el licuado de achiote. Agregue las hojas de laurel y deje reposar en el refrigerador de 12 a 24 horas.

Día de preparación: En una olla de cocido lento, coloque las hojas de plátano y, posteriormente, agregue la carne de cerdo en trozos y salpimente al gusto. Tape con hojas de plátano y cocine por cuatro horas. Luego, rectifique la sazón, desmenuce la carne y sirva caliente.

Sugerencias para complementar

Acompañante: *Repollo y cilantro*

Ingredientes:
- 3 tazas de repollo blanco, cortado en juliana
- 1 taza de repollo morado, cortado en juliana
- ¼ cucharadita de orégano deshidratado
- 2 cucharadas de cilantro fresco picado
- jugo de dos limones
- sal de mar al gusto

Procedimiento: Mezcle todo y reserve.

Acompañante: **Cebolla curtida**

Ingredientes:
- 1 cebolla morada, cortada en rodajas
- jugo de dos limones
- 1 pimiento morrón rojo
- 1 cucharada de vinagre blanco
- 1 taza de agua
- sal al gusto

Procedimiento: Mezcle todos los ingredientes en un recipiente de cristal y deje macerar por una hora.

Acompañante: **Salsa de vegetales con habanero**

Ingredientes:
- ½ taza de zanahoria rallada
- 4 rábanos cortados en rodajas delgadas
- 2 dientes de ajo, finamente picados
- ½ cebolla morada, finamente picada
- 2 chiles habaneros, cortados en tiritas y retirando las semillas
- ½ cucharadita de orégano deshidratado
- 2 hojas de laurel
- ½ taza de agua
- 1 cucharada de vinagre de manzana
- 1 cucharada de aceite de oliva
- sal de mar y pimienta molida al gusto

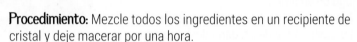

Procedimiento: En un recipiente de cristal, coloque todos los ingredientes, mezcle bien y deje macerar por dos horas.

Acompañante: **Arroz blanco**

Ingredientes:
- 1 taza de arroz
- 2 cucharadas de aceite de oliva
- 1 cucharada de mantequilla
- 1 diente de ajo
- 2 cucharadas de cebolla picada
- 2 cucharadas de perejil fresco picado

• 2 tazas de agua
• sal, pimienta negra molida, comino molido

Procedimiento: En una sartén, caliente las dos tazas de agua. Cuando suelten el hervor, agregue la taza de arroz y cocine por 15 a 20 minutos. Tiene que quedar al dente. Entonces, ayudado con un colador, enjuague el arroz con agua fría para cortar la cocción y eliminar el exceso de almidón. Reserve. En una sartén, a fuego medio, precaliente el aceite de oliva y la mantequilla. Agregue la cebolla picada y acitrone por un minuto. Agregue el ajo y sazone con sal, pimienta y comino. Mezcle bien por un minuto. Agregue el arroz y mezcle perfectamente. Rectifique la sazón y sirva.

Cueté de res con salsa de tamarindo

Ingredientes:
• 1 trozo de cuete, 4 a 5 libras aproximadamente

Para la marinada:
• ¼ taza de aceite de aguacate
• jugo de un limón
• 1 cucharada de sazonador orgánico sin sal
• ¼ cucharadita de pimienta negra, recién molida
• ½ cucharadita de sal de mar o rosa del Himalaya

Para la salsa de tamarindo:
• 2 tazas de pulpa de tamarindo
• 1 cucharada de aceite de coco orgánico
• 1 diente de ajo
• 1 chile morita o chipotle (opcional)
• jugo de una naranja
• 1 cucharadita de vinagre de manzana orgánico
• 1 pizca de sal
• 1 cucharada de miel de agave

Procedimiento:
Un día antes: Prepare la marinada con sus cinco ingredientes y marine el cuete. Déjelo reposar en el refrigerador por 12 a 24 horas.

Día de preparación: Precaliente el horno a 350º F (180º C). En un recipiente o refractario, coloque el cuete marinado, tápelo con papel aluminio y hornee por tres horas. Después del tiempo transcurrido, destape el cuete para que se pueda dorar un poco la corteza.

Salsa de tamarindo:

Retire las cáscaras, huesos y desvene el tamarindo. En un recipiente, ponga el tamarindo a hidratar, con una taza de agua, por una hora, hasta que quede suave. En la licuadora, coloque el tamarindo (ya limpio e hidratado), el jugo de naranja, el vinagre de manzana y el chile morita y lícuelos para formar una pasta suave. En una cacerola, precaliente el aceite de coco orgánico y acitrone la cebolla por un minuto. Agregue el ajo y posteriormente la pasta de tamarindo. Sazone con la miel de agave y la sal al gusto. Deje cocinar a fuego medio, revolviendo periódicamente para que no se pegue. Entonces, rectifique la sazón, pase por un colador y reserve.

Retire el cuete del horno y córtelo en rodajas (para lograr un mejor corte, utilice un cuchillo eléctrico). Sirva la carne y por encima la salsa.

Sugerencias para complementar

Acompañante: Vegetales asados

Ingredientes:
- 1 calabacita verde (zucchini)
- 1 cebolla
- 1 pimiento morrón rojo
- coliflor y brócoli en trozos
- sal de mar y pimienta negra molida, al gusto

Procedimiento: Corte la calabacita y la cebolla en rodajas, y corte la coliflor, el brócoli y el pimiento morrón rojo en trozos. Salpimiente y áselos en la parrilla o en la plancha.

Acompañante: Camote en trocitos con nueces

Ingredientes:
- 1 libra de camote (batata o papa dulce)
- 2 cucharadas de aceite de coco orgánico
- ¼ taza de nuez picada
- ½ cucharadita de tomillo deshidratado (seco)
- 1 cucharada de miel de agave orgánica

Procedimiento: Precaliente el horno a 350º F (180º C). Retire la cáscara del camote, corte en trocitos y coloque en un recipiente. Agregue dos cucharadas de aceite de coco orgánico, la nuez picada, la cucharadita de tomillo seco y la miel de agave. Mezcle todo perfectamente, coloque en un refractario, tápelo con papel aluminio y hornee por 30 a 40 minutos.

Estofado de carne de res con champiñones

Ingredientes:

- 2 libras de carne de res en trozos
- 1 cerveza clara
- 1 cebolla chica
- 1 lata de 6 onzas de pasta de tomate orgánica
- 2 cucharaditas de azúcar morena o mascabado
- 16 onzas de champiñones
- 4 dientes de ajo
- ¼ taza de albahaca
- ¼ taza de perejil
- 2 chiles chipotles secos, hidratados y desvenados (opcional)
- sal y pimienta negra recién molida, al gusto

Procedimiento:

Prepare y mida los ingredientes. Corte la cebolla en trozos, pique el ajo y colóquelos al fondo de la olla de cocimiento lento. Salpimente el trozo de carne y colóquelo sobre la cebolla y el ajo. Agregue el puré de tomate, las hierbas de olor y los champiñones (previamente cortados en rodajas). Agregue los chiles chipotles, la cerveza y tape la olla. Cocínelos a fuego alto por cuatro horas. A las dos horas, dé vuelta a la carne para que se mezclen bien todos los ingredientes. Rectifique la sazón y sirva caliente. Puede decorar con albahaca y cebollín picado.

Sugerencias para complementar

Acompañante: Brócoli bebé salteado en aceite de oliva

Ingredientes:
- brócoli bebé
- 1 cucharada de aceite de oliva o de coco
- sal de mar, pimienta negra molida y ajo en polvo, al gusto

Procedimiento: Lave el brócoli bebé y agregue sal,

pimienta molida, ajo en polvo y una cucharada de aceite de oliva o de coco orgánico y mezcle perfectamente. Precaliente una sartén a fuego medio y saltee por 3 a 5 minutos. Al cocinarse, se intensificará su color verde. Retire del fuego y sirva caliente.

Acompañante: Puré de coliflor

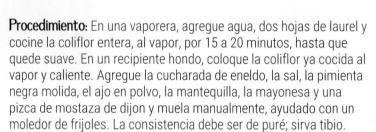

Ingredientes:
- 1 coliflor
- 1 cucharada de eneldo fresco picado
- 1 cucharada de mantequilla
- 2 cucharadas de mayonesa
- ½ cucharadita de mostaza dijon
- sal de mar, pimienta negra molida y ajo en polvo, al gusto

Procedimiento: En una vaporera, agregue agua, dos hojas de laurel y cocine la coliflor entera, al vapor, por 15 a 20 minutos, hasta que quede suave. En un recipiente hondo, coloque la coliflor ya cocida al vapor y caliente. Agregue la cucharada de eneldo, la sal, la pimienta negra molida, el ajo en polvo, la mantequilla, la mayonesa y una pizca de mostaza de dijon y muela manualmente, ayudado con un moledor de frijoles. La consistencia debe ser de puré; sirva tibio.

Filete de mahi-mahi en salsa de chipotle

Ingredientes:
- 4 filetes de mahi-mahi

Para la marinada:
- ½ cucharadita de mostaza
- 2 cucharadas de salsa tamari
- 1 cucharada de salsa de chipotle
- 3 dientes de ajo, finamente picados
- 1 cucharada de aceite de coco orgánico
- 1 cucharada de mantequilla clarificada
- ½ cucharadita de sal de mar
- ¼ cucharadita de pimienta negra recién molida

Para la salsa de chipotle:
- ¼ taza de salsa de chipotle ahumada de lata
- 6 tomates roma medianos
- 2 dientes de ajo finamente picados

• Combinaciones Dieta 3x1®

- 2 cucharadas de cebolla picada
- 1 cucharada de pimiento morrón rojo picado
- 1 cucharada de aceite de coco orgánico
- ½ cucharadita de jugo de limón
- 1 cucharadita de orégano fresco picado
- ½ cucharadita de tomillo fresco picado
- ½ cucharadita de sal de mar
- ¼ cucharadita de pimienta negra recién molida

Para el kale con vegetales salteados:
- 4 tazas de kale
- 2 tomates roma
- ½ cebolla morada
- ½ pimiento morrón rojo
- ½ pimiento morrón amarillo
- 1 zanahoria en cubitos pequeños
- 2 dientes de ajo finamente picados
- sal de mar y pimienta negra recién molida, al gusto

Para la cebolla desflemada:
- 1 cebolla morada
- jugo de dos limones
- ¼ cucharadita de sal
- ¼ taza de agua

Procedimiento:

Marinada:
Precaliente una sartén a fuego medio y caliente el aceite de coco orgánico. Agregue la mantequilla y acitrone el ajo por un minuto. Agregue la salsa de chipotle, la salsa tamari, la mostaza, la pimienta, la sal y mezcle bien y cocine por tres minutos. Rectifique la sazón, retire del fuego y reserve hasta que disminuya a temperatura ambiente. Unte el mahi-mahi, con esta mezcla, por ambos lados y deje marinar por una hora en el refrigerador.

Salsa de chipotle:
Precaliente una ollita a fuego medio y agregue el aceite de coco orgánico. Acitrone la cebolla y el ajo por un minuto. Agregue el tomate, el pimiento morrón y sazone con pimienta y sal. Cocine por tres minutos. Después agregue la salsa de chipotle, el orégano, el tomillo, la taza de agua y cocine por 15 minutos más. Rectifique la sazón, retire del fuego y reserve. Posteriormente mézclela en la licuadora, y ya que quede bien molida, pásela por un colador y reserve.

Kale y vegetales salteados:

Mida y disponga los ingredientes. Lave y corte en cubos el tomate roma, retirando previamente las semillas. Corte la cebolla morada, la zanahoria, el apio, el pimiento morrón rojo y amarillo, en cubos. Precaliente una sartén a fuego medio y coloque el aceite de coco orgánico. Acitrone la cebolla por dos minutos y agregue el ajo picado, el tomate, la zanahoria, el apio y el pimiento morrón y siga cocinando por tres minutos. Sazone con sal, pimienta y cocine por un minuto más. Por último, apague el fuego, agregue el kale y mezcle bien todos los ingredientes. Retírelos de la sartén y reserve.

Cebolla desflemada:

Corte una cebolla morada en rodajas delgadas. Colóquela en un recipiente de cristal, agregue el jugo de dos limones, la sal y el agua. Deje reposar por un mínimo de cinco minutos en el regrigerador.

Mahi-Mahi:

Precaliente una sartén a fuego alto y selle los filetes de mahi-mahi ya marinados. Baje la temperatura de la sartén a fuego medio y tape para terminar su cocción por 8 a 10 minutos más. En un plato, coloque la salsa de chipotle, posteriormente una cama de la mezcla de kale y después el mahi-mahi. Corónelo con la cebolla morada desflemada.

Sugerencias para complementar

Acompañante: Entrada de ensalada de lechugas frescas
o cualquiera de su preferencia presentadas en la sección de ensaladas de este libro.

Acompañante: Arroz salvaje
Receta disponible en este libro.

Filete de tilapia con paprika al horno

Ingredientes:
- 6 filetes de tilapia
- 1 cucharadita de paprika
- ½ cucharadita de sal de mar
- ¼ cucharadita de pimienta negra recién molida

Para las espinacas salteadas:
- 4 tazas de espinacas bebés
- ½ cebolla morada
- ½ pimiento morrón rojo
- 2 tomates roma
- 1 rebanada de tocino
- 1 pizca de nuez moscada
- 1 cucharadita de hojuelas de chile seco
- sal de mar y pimienta negra recién molida, al gusto

Para las papas con romero:
- 2 papas cortadas en cubos
- 1 cucharadita de romero fresco, picado finamente
- 1 cucharada de aceite de oliva
- 1 cucharada de mantequilla
- 2 dientes de ajo, finamente picados
- 2 cucharadas de cebolla, picada finamente
- sal de mar, pimienta molida al gusto y ajo en polvo

Procedimiento:
Filete de tilapia:
En un recipiente o charola, coloque los filetes de tilapia y sazónelos con pimienta molida, sal y paprika por ambos lados. Agregue el aceite de oliva y mezcle perfectamente para que queden bien impregnadas de aceite y el sazonado. Precaliente el horno a 350º F y hornéelos por 15 a 20 minutos; retire del horno y sirva caliente.

Espinacas salteadas:
Mida y disponga los ingredientes. Lave y corte en cubos el tomate roma, retirando previamente las semillas. Corte la cebolla morada y el pimiento morrón rojo, en juliana. Pique el tocino. Precaliente una sartén a fuego medio y coloque el aceite de oliva. Acitrone la cebolla por dos minutos y agregue el ajo picado, mezcle y agregue el tomate y el pimiento morrón. Sazone con sal, pimienta, nuez moscada y cocine por un minuto. Por último, apague

el fuego, agregue las espinacas y mezcle bien (no deben cocinarse mucho, porque cambia la textura).

Papas al romero:

En una ollita, caliente el agua a punto de ebullición. Agregue una hoja de laurel y media cucharadita de sal. Corte las papas con cáscara en cubos y hiérvalas por 15 minutos. Las papas deben estar cocidas pero firmes. Escúrralas y déjelas enfriar a temperatura ambiente. Precaliente una sartén a fuego medio y agregue el aceite de oliva y la mantequilla. Agregue la cebolla picada, el ajo, el romero picado y sazone con sal y pimienta. Cocine por dos minutos. En una charola o refractario, coloque los cubos de papa y báñelos con la mezcla de aceite y mantequilla. Hornéelos por 10 a 15 minutos.

NOTA: para optimizar el tiempo, primeramente, prepare las papas, después el pescado y mientras se hornean las papas, cocine las espinacas para que todo salga al mismo tiempo y sirva caliente.

Sugerencias para complementar

Acompañante: Ensalada de lechugas y vegetales

Ingredientes:
- 1 lechuga romana
- 1 taza de zanahoria rallada
- ½ pepino rebanado en lunas y sin semilla
- 2 tomates rebanados y sin semillas
- ¼ de taza de rábanos frescos rebanados
- aceite de coco, salsa tamari y jugo de limón al gusto
- sal, pimienta negra molida, al gusto

Procedimiento: Corte, mezcle todo y disfrute.

• Combinaciones Dieta 3x1®

Filete de salmón en salsa de mantequilla y camarón

Ingredientes:
- 6 filetes de salmón
- 1 libra de camarón chico fresco (coctelero)
- 2 a 3 ramitas de romero fresco
- ¼ taza de mantequilla
- el jugo de un limón
- 1 cucharadita de maicena
- 1 taza de agua
- ½ cucharadita de sal de mar
- ¼ cucharadita de pimienta negra recién molida

Para las espinacas salteadas:
- 4 tazas de espinacas bebés
- 2 tomates roma
- ½ cebolla morada
- ½ pimiento morrón rojo
- 2 dientes de ajo finamente picados
- 2 cucharadas de alcaparras
- 1 pizca de nuez moscada
- sal de mar y pimienta negra recién molida, al gusto

Procedimiento:
Filete de salmón:
En un recipiente, coloque los filetes de salmón y sazónelos con pimienta molida, sal y ajo en polvo por ambos lados. Agregue el aceite de oliva y mezcle perfectamente para que queden bien impregnadas del aceite y el sazonado. Precaliente una sartén, a fuego alto, y selle los filetes de salmón. Baje la temperatura de la sartén a fuego medio, agregue la mantequilla, las ramas de romero y el jugo de limón. Continúe bañando el salmón con esta mezcla por cinco minutos. Retire el salmón del fuego y reserve.

En la taza de agua, diluya la maicena y reserve. En la misma sartén donde se cocinó el salmón, agregue los camarones y cocine por cinco minutos, agregue el agua con la maicena, rectifique la sazón y cocine por 5 a 8 minutos para que espese ligeramente. Coloque los filetes de salmón en un plato y báñelos con la salsa de mantequilla y camarón.

Espinacas salteadas:
Mida y disponga los ingredientes. Lave y corte el tomate roma en cubos, retirando previamente las semillas. Corte la cebolla morada

y el pimiento morrón rojo, en juliana. Precaliente una sartén a fuego medio y coloque el aceite de oliva. Acitrone la cebolla por dos minutos y agregue el ajo picado, mezcle y agregue el tomate y el pimiento morrón. Sazone con sal, pimienta, nuez moscada y cocine por un minuto. Agregue las alcaparras y mezcle perfectamente. Por último, apague el fuego, agregue las espinacas y mezcle bien (no deben cocinarse mucho, porque cambia la textura).

Sugerencias para complementar

Acompañante: *Entrada de ensalada de lechugas frescas*
> o cualquiera de su preferencia presentadas en la sección de ensaladas de este libro.

Acompañante: *Arroz blanco al perejil*
> Receta disponible en este libro.

Pechugas de pollo con ratatouille

Ingredientes:
- 4 pechugas sin hueso
- 1 cucharadita de romero fresco, finamente picado
- 1 cucharada de aceite de oliva
- ¼ de cucharadita de paprika
- ½ cucharadita de sal de mar
- ¼ cucharadita de pimienta negra recién molida

Para la ratatouille:
- 1 berenjena chica
- 1 calabacita (zucchini) mediana
- 1 calabacita amarilla mediana
- 2 o 3 tomates roma
- 1 pimiento morrón rojo o amarillo
- ½ cebolla morada
- 1 diente de ajo finamente picado
- 2 cucharadas de albahaca fresca picada
- 1 cucharada de orégano fresco picado
- 3 ramitas de romero fresco
- 2 cucharadas de aceite de oliva extra virgen

• Combinaciones Dieta 3x1®

- sal de mar y pimienta negra recién molida, al gusto

Procedimiento:
En un recipiente, coloque las pechugas de pollo y sazónelas con pimienta molida, sal, paprika y romero por ambos lados. Agregue el aceite de oliva y mezcle perfectamente para que queden bien impregnadas del aceite y el sazonado. Precaliente la plancha (con rallas), a fuego medio y selle las pechugas por ambos lados, por ocho minutos. Retire del fuego y reserve.

Ratatouille:
En un recipiente, coloque dos tazas de agua y una cucharadita de sal y diluya perfectamente. Corte la berenjena en cubos y póngala en el agua con sal por diez minutos (esto es para quitar lo amargo de la berenjena al cocinarla). Corte las calabacitas en cubos medianos, la cebolla en aros, el pimiento morrón en cubos y el tomate en cubos, retirando las semillas. Precaliente el horno a 350° F (180° C). En un recipiente, mezcle los vegetales, menos el tomate, y sazónelos con la albahaca, el orégano, la pimienta, la sal y el aceite de oliva y mézclelo todo perfectamente. En un refractario, coloque los vegetales y coloque las ramitas de romero fresco repartidas en el molde. Tape con papel aluminio y hornéelos por 15 minutos. Después, destape el refractario, agregue el tomate a la mezcla de vegetales y déjelo cocinar por cinco minutos más, ya destapado. Retire del horno, rectifique la sazón y sirva caliente (preferiblemente que queden los vegetales crujientes).

Sugerencias para complementar

Acompañante: Ensalada de lechugas frescas y fruta

Ingredientes:

- 1 taza de arúgula
- 1 taza de verdolagas frescas o kale
- 1 taza de espinacas bebés
- 1 pimiento morrón amarillo
- 1 pera en rebanadas
- aderezo de tamarindo o jamaica casero
- sal, pimienta negra molida, al gusto

Procedimiento: Corte, mezcle todo bien y aderece con aderezo de tamarindo o jamaica casero, o aderece con aceite de oliva, vinagre balsámico y jugo de limón, al gusto.

Pechugas de pollo con vinagre balsámico y tomillo

Ingredientes:

- 4 pechugas sin hueso
- 1½ cucharadita de tomillo deshidratado
- 1 cucharada de aceite de oliva
- ½ cucharadita de sal de mar
- ¼ cucharadita de pimienta negra recién molida

Para la reducción de vinagre balsámico:

- ⅓ taza de vinagre balsámico
- 2 cucharadas de miel de agave
- ¼ cucharadita de tomillo deshidratado
- 1 cucharadita de hojuelas de chile seco

Para la guarnición:

- 1 taza de tomates cherry
- 1 cucharada de aceite de oliva
- sal de mar, pimienta molida al gusto y ajo en polvo
- 10 a 12 hojas de albahaca fresca

Procedimiento:

En un recipiente, coloque las pechugas de pollo y sazónelas con pimienta molida, sal y tomillo por ambos lados. Agregue el aceite de oliva y mezcle perfectamente para que queden bien impregnadas del aceite y el sazonado. Precaliente una sartén a fuego medio y selle las pechugas por ambos lados por cinco minutos, retire del fuego y reserve. En la misma sartén donde selló las pechugas, agregue el vinagre balsámico, la miel y las hojuelas de chile. Mezcle bien y cocine por 8 a 10 minutos, mezclando ocasionalmente, hasta que reduzca el líquido o espese y después agregue las pechugas y los tomates cherrys y las hojas de albahaca. Termine de cocinar por un minuto más. Si se reduce mucho el líquido, agregue una cucharadita de agua. Rectifique la sazón y sirva caliente.

Sugerencias para complementar

Acompañante: *Vegetales salteados*
Receta disponible en este libro.

Acompañante: **Arroz salvaje**

Receta disponible en este libro.

Acompañante: **Ensalada de lechugas y vegetales**

Ingredientes:

- 1 lechuga romana
- 1 taza de espinacas bebés
- ½ taza de coliflor morada
- ½ pimiento morrón rojo
- ¼ taza de tomates cherry de colores
- ¼ cebolla morada cortada en aros
- aceite de oliva, vinagre balsámico y jugo de limón al gusto
- sal, pimienta negra molida, al gusto

Procedimiento: Corte, mezcle todo bien y aderece con una mezcla del aceite de oliva, el vinagre balsámico y el jugo de limón.

Pimientos morrones rellenos de picadillo de pavo

Ingredientes:

- 6 a 8 pimientos morrones de colores
- 3 libras de carne molida de pechuga de pavo
- 1 libra de tomate roma
- ¼ pimiento morrón rojo
- ½ cebolla chica
- 2 dientes de ajo
- 1 zanahoria
- 1 chayote
- 1 calabacita (zucchini)
- 1 tallo de apio
- 1 elote amarillo (sus granos) (mazorca de maíz)
- ½ pimiento morrón verde
- ¼ taza de perejil picado
- 1 taza de caldo de pollo
- 2 hojas de laurel deshidratado
- ¼ cucharadita de tomillo deshidratado
- ½ cucharadita de orégano deshidratado
- 1 taza de queso mozzarella rallado
- 1 cucharada de aceite de oliva
- sal de mar, pimienta molida al gusto y comino en polvo

Procedimiento:

Precaliente una sartén y agregue el aceite de oliva. Cocine la carne molida de pavo, espere a que suelte su jugo y acitrone. Lave y pele la zanahoria. Lave y pique, el chayote, el apio, el pimiento morrón verde y el zucchini en cubos pequeños y reserve. En la licuadora, muela el tomate y el pimiento rojo con una taza de caldo de pollo. Cuele y reserve. Agregue a la carne la cebolla, el ajo, la pimienta, la sal y cocine por un minuto. Agregue la salsa de tomate y los vegetales picados, los granos del elote (mazorca), el perejil, el orégano, el laurel y el tomillo. Precaliente el horno a 350º F (180º C). Deje cocinar por 20 minutos, hasta que espese el picadillo, rectifique la sazón y retire del fuego. Corte la parte superior de los pimientos morrones, desvene y retire las semillas. Rellene con el picadillo y agregue el queso mozzarella rallado. Engrase un refractario con aceite en aerosol para cocinar y coloque los pimientos ya rellenos. Hornéelos por 15 minutos hasta que el queso gratine.

Sugerencias para complementar

Acompañante: Arroz blanco

Receta disponible en este libro.

Acompañante: Ensalada de lechugas mixtas

Ingredientes:

- 1 taza de lechuga romana
- 1 taza de lechuga sangría
- 2 tomates roma
- 1 pimiento morrón amarillo o naranja
- 2 cucharadas de nuez picada
- aderezo casero a base de aceite de almendra

Procedimiento: Corte, mezcle todo y disfrute.

Rib-eye al romero, asado a la parrilla

Ingredientes:
- 4 rib-eye steaks

Para la marinada:
- ¼ taza de aceite de oliva
- 2 cucharadas de romero fresco, finamente picado
- 1 diente de ajo, finamente picado
- sal de mar, pimienta y cebolla en polvo

Procedimiento:
Prepare la marinada y marine el rib-eye. Déjelo reposar en el refrigerador por una a dos horas. Retire la carne marinada del refrigerador y deje afuera por 30 minutos antes de cocinarla. Precaliente la parrilla o la plancha a fuego alto. Ya caliente la parrilla, baje la temperatura a fuego medio y selle la carne por cinco minutos en cada lado. Retire del fuego y sirva caliente.

Sugerencias para complementar

Acompañante: Ejotes salteados

Ingredientes:
- ejotes (habichuelas tiernas, vainitas, judías verdes)
- pimiento morrón amarillo
- tomates cherry
- 1 cucharada de aceite de coco orgánico
- sal de mar, pimienta negra molida, al gusto

Procedimiento: Lave y corte los ejotes, los tomates cherry y el pimiento morrón amarillo. Sazone con sal de mar y la pimienta negra recién molida. Agregue una cucharada de aceite de coco orgánico y mezcle perfectamente. Cocine en una sartén a fuego medio por tres a cinco minutos.

Ingredientes:
- papas pequeñas oro rojo (red gold potatoes)
- hojuelas de chile seco
- 2 cucharadas de aceite de oliva
- sal de mar, pimienta negra molida, al gusto

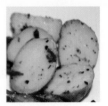

Procedimiento: En una olla pequeña, caliente agua a punto de ebullición. Lave las papitas, agréguelas al agua hirviendo y cocínelas por 15 minutos. Entonces, retírelas del agua hirviendo, déjelas enfriar y córtelas por mitades. Sazónelas con sal, pimienta negra, hojuelas de chile seco, dos cucharadas de aceite de oliva y mezcle bien. Precaliente una sartén y saltee las papitas por tres minutos para integrar bien los ingredientes. Rectifique la sazón y sirva caliente.

Rib-eye asado o fajitas de res con chimichurri

Ingredientes:
- 4 rib-eye steaks o 4 libras de fajita

Para la marinada:
- 1 taza de perejil fresco picado
- ½ taza de albahaca fresca picada
- ½ taza de mejorana fresca picada
  (se puede sustituir por orégano fresco)
- ½ taza de cilantro picado
- ½ taza de aceite de oliva
- ¼ taza de vinagre de vino blanco
- 10 dientes de ajo
- sal de mar y pimienta negra, al gusto

Para el chimichurri:
- 1 taza de perejil fresco picado
- ½ taza de orégano fresco picado
- ¼ taza de cilantro fresco picado
- ¾ taza de aceite de oliva extra virgen
- ½ taza de vinagre de vino tinto
- 1 cucharada de salsa de chipotle en adobo

- 1 cucharada de paprika
- 4 dientes de ajo
- sal de mar y pimienta negra recién molida, al gusto

Procedimiento:

Marinada:

Combine todos los ingredientes, excepto la sal y la pimienta, en un procesador de alimentos y procéselos hasta que todo quede bien molido. Coloque la carne en un recipiente, agréguele la marinada, y déjela en el refrigerador por cinco horas o más. Luego de un mínimo de cinco horas, retire la carne del refrigerador de 30 a 40 minutos antes de asar (cocinar).

Chimichurri:

Pique el perejil, la albahaca, el cilantro, el orégano y el ajo, finamente. Colóquelos en un recipiente de vidrio y agregue el aceite de oliva, el vinagre de vino tinto, la salsa de chipotle, la paprika, la sal y la pimienta recién molida al gusto. Revuélvala y reserve.

Prenda el carbón (la parrilla o la plancha) y agregue a la carne previamente marinada, la sal y la pimienta. Ase la carne al término de su gusto; los rib-eye o las fajitas por cinco minutos de cada lado, para conseguir un término medio. Sirva la carne y coloque el chimichurri por encima.

Sugerencias para complementar

Acompañante: *Juliana de vegétales*

Ingredientes:
- zanahorias
- zucchinis
- pimientos rojos y amarillos
- aceite de oliva
- sal, pimienta negra molida, al gusto

Procedimiento: Corte todos los vegetales en tiras finas (juliana). Añádale sal y pimienta al gusto y saltéelos en una sartén con aceite de oliva.

Acompañante: *Papas asadas con paprika*

Ingredientes:
- papas
- paprika
- sal granulada y pimienta molida
- aceite de oliva

Procedimiento: Corte las papas y agrégueles la paprika, la sal granulada, la pimienta molida y únteles el aceite. Colóquelas en un refractario con tapa y hornee por 30 a 40 minutos. Luego destápelas para permitir que doren.

Supremas de pollo rellenas de vegetales y queso crema, en salsa de champiñones

Ingredientes:
- 3 pechugas de pollo orgánicas, sin piel y hueso
- 6 rebanadas de tocino sin curar, libre de nitratos y nitritos
- 1 queso crema orgánico
- 1 zanahoria cortada en juliana
- 1 zucchini cortado en juliana

Para la salsa de champiñones:
- 1 taza de champiñones orgánicos
- 2 dientes de ajo orgánicos
- 1 chile cascabel seco
- ¼ cebolla orgánica
- ¼ de pimiento morrón rojo
- ¼ de queso crema orgánico
- 1 cucharada de aceite de oliva orgánico
- 1 cucharadita de maicena de papa sin gluten
- 1 onza de tequila 100% agave, (si consigue orgánico mejor)
- 1 taza de fondo claro de pollo orgánico o agua natural
- 1 cucharadita de hierbas aromáticas frescas
- sal de mar, pimienta y comino orgánicos al gusto

Procedimiento:

Salsa de champiñones:

Disponga los ingredientes cortando en cubos los champiñones, la cebolla, el pimiento rojo, el ajo y resérvelos por separado. Lave y desvene el chile guajillo y áselo en una sartén. Diluya la maicena de papa en dos onzas de agua y resérvela. Pique las hierbas aromáticas: el tomillo, la albahaca, el cebollín y el romero, y resérvelas. Precaliente una ollita a fuego medio, agregue el aceite de oliva y saltee la cebolla hasta que se aclare. Agregue el ajo, el pimiento rojo y el chile guajillo. Saltéelos por un minuto aproximadamente. Agregue el tequila e inmediatamente los champiñones y las hierbas de olor. Agregue el caldo de pollo o la taza de agua. Luego, agregue los condimentos, la pimienta, el comino, la sal de mar y deje cocinar por 10 a 15 minutos. Rectifique la sazón y deje enfriar para bajar la temperatura. En el vaso de la licuadora, coloque la mezcla de los champiñones y el queso crema y lícuelos hasta que quede cremoso. Vuelva a colocar la mezcla en una ollita pasándola por un colador de acero inoxidable y termine la cocción. Si es necesario, agregue la maicena de papa para espesar, cocinándola hasta que suelte el hervor, retirando inmediatamente del fuego y sirva.

Supremas:

Filetee las pechugas delgadas (tipo milanesa) tratando de formar un rectángulo y salpiméntelas al gusto. Pele la zanahoria y córtela en juliana; retire las semillas del zucchini, córtelo en juliana. Coloque las zanahorias y el zucchini a lo largo de la pechuga. Precaliente el horno a 350º F (180º C). Corte tiras del queso crema, aproximadamente de medio centímetro y colóquelas a lo largo de la pechuga. Enrolle y envuélvala con el tocino. Precaliente una sartén y séllelas para que dore el tocino. Colóquelas en un refractario y hornéelas para terminar su cocción, por aproximadamente 30 minutos. Verifique que estén bien cocidas y déjelas reposar por 10 minutos. Antes de servir, córtelas en tres y sírvalas con la salsa de champiñones a su alrededor en el plato (espejo de salsa).

Sugerencias para complementar

Acompañante: Entrada de ensalada de lechugas frescas
o cualquiera de su preferencia presentadas en la sección de ensaladas de este libro.

Acompañante: Vegetales al vapor

Tacos gobernador

Ingredientes:

- 1 libra de camarón crudo, mediano
- 8 a 10 tortillas de maíz pequeñas
- 1 cucharada de aceite de oliva extra virgen
- ½ cebolla mediana picada
- 2 dientes de ajo finamente picados
- 2 tomates roma, sin semillas, picados
- 1 chile serrano finamente picado y sin semillas
- ½ cucharadita de paprika
- ½ cucharadita de orégano deshidratado
- 2 hojas de laurel
- 2 cucharadas de cilantro fresco picado
- el jugo de un limón
- ½ taza de queso manchego o oaxaca, rallado
- sal de mar, pimienta negra y comino molido, al gusto

Procedimiento:

Pele los camarones y retire la vena que tienen en la parte superior, abriéndolos con un cuchillo. En un recipiente, coloque los camarones y sazónelos con pimienta molida, la sal y el ajo picado. Agregue el aceite de oliva y mezcle perfectamente para que queden bien impregnados del aceite y el sazonado. Precaliente una sartén a fuego medio y acitrone la cebolla por tres minutos. Agregue el ajo picado y el chile serrano, y cocine por un minuto más. Agregue entonces el tomate, las hojas de laurel y el orégano. Sazone con pimienta, una pizca de comino y sal al gusto. Agregue los camarones y cocine hasta que cambien de color (aproximadamente tres minutos). Retire del fuego y agregue el cilantro picado. Mezcle, rectifique sazón y reserve. Precaliente la plancha o comal, a fuego medio. Coloque las tortillas para que se suavicen y llénelas con el guiso de camarones y agregue el queso rallado. Doble en forma de taco y siga calentando en la plancha hasta que se derrita el queso. Sirva caliente acompañado de limón, naranja y salsa de chile habanero.

Sugerencias para complementar

Acompañante: *Ensalada de lechugas mixtas*
Receta disponible en este libro.

Ayudas adicionales

La alimentación correcta,
de acuerdo con su tipo de sistema nervioso

El tipo de Sistema Nervioso de nuestro cuerpo es muy importante a la hora de determinar la alimentación adecuada para el mismo. De las siguientes cinco características, escoja todas las que le apliquen:

_____ No digiero bien la carne roja o tardo en digerirla.

_____ Las grasas saturadas me caen mal (cerdo, chuleta, alimentos grasos).

_____ No tengo buena digestión si como tarde en la noche.

_____ Si como tarde en la noche, se me hace difícil dormir.

_____ Tengo un sueño liviano, me despierto con facilidad (ruidos, movimientos).

Si usted marcó una o más de las características anteriores, entonces tiene un Sistema Nervioso EXCITADO.

Si no marcó **ninguna**, entonces su tipo de Sistema Nervioso es PASIVO.

Tipo de Alimentación para el Sistema Nervioso Excitado

- Dieta más vegetariana.
- Consumo moderado de proteínas blancas y bajas en grasa: pollo, pavo, pescados blancos (tilapia, chillo, mero, rodaballo y bacalao fresco sin sal, entre otros).
- Pequeñas porciones de quesos frescos y bajos en grasa (del país y feta, entre otros).
- huevos duros o pasados por agua (no fritos)
- yogur bajo en grasa y azúcar
- Dieta con una abundancia predominante de ensalada y vegetales. Los jugos frescos de vegetales son muy recomendables.
- El aderezo ideal para las ensaladas es el aceite de oliva y limón. Si no hay limón disponible, use vinagre. Evite los aderezos cremosos; tienen grasa.
- Muy importante: EVITAR EL AZÚCAR y la fructosa de las frutas dulces.
- Poco uso de café.
- Dieta baja en carbohidratos refinados.

Tipo de Alimentación para el Sistema Nervioso Pasivo

- Dieta más carnívora.
- Consumo regular de carnes rojas o más altas en grasas: res, pollo, pavo, cerdo, pescados grasos (salmón, atún, sardinas), mariscos.
- Quesos fermentados (papa, suizo, cheddar, manchego, de bola, entre otros).
- huevos (de cualquier forma)
- yogur bajo en azúcar y carbohidratos
- Los vegetales y las ensaladas se recomiendan para ser combinados con carnes o mariscos.
- Evite aderezos azucarados como "Thousand Island". El aderezo "caesar" es bajo en carbohidratos y más apropiado. El aderezo ideal es aceite de oliva y vinagre o limón.
- Muy importante: EVITAR EL AZÚCAR y la fructosa de las frutas dulces.
- Poco uso de café.
- Dieta baja en carbohidratos refinados.

*Para obtener la información completa sobre el Sistema Nervioso del cuerpo y cómo afecta su metabolismo, lea el capítulo TODOS NO SOMOS IGUALES del libro **El Poder del Metabolismo** y vea los capítulos sobre el tema en nuestro canal **MetabolismoTV** en YouTube o en www.MetabolismoTV.com.*

Trucos para diabéticos o para el control de los carbohidratos y ayuda al sistema nervioso excitado

Cuando queremos hacer una receta para diabéticos, debemos hacer algunos cambios para adecuarla a la condición de diabetes. Existen deliciosas recetas que podemos intentar en nuestro hogar cambiando parte de los ingredientes, como le explicamos a continuación:

Cambie la leche en la receta:

Cambie la leche por un reemplazo de leche adecuado a su Tipo de Sistema Nervioso. Puede sustituir la leche regular por:
- leche de almendras sin azúcar añadida
- crema de leche (pasivos)
- half & half (pasivos)
- leche de coco (pasivos) o baja en grasa para los del sistema nervioso excitado. No confunda la leche de coco con la crema de coco. La crema de coco no se recomienda ya que es pura azúcar.
- yogur griego - debe ser natural, preferiblemente bajo en grasa, sin frutas añadidas ni sabor.

Cambie el azúcar en la receta:
- la estevia natural es la mejor alternativa

Cambie la harina en la receta por:
- harina de coco
- harina de almendras
- harina de nueces mixtas
- batida de proteína de suero de leche (whey) – La batida de proteína Metabolic Protein™ de vainilla es un reemplazo de harina alto en proteínas, para la mayoría de las recetas bajas en carbohidratos y sin azúcar. Si la usa, añádale una pizca de sal; le quita el sabor a proteína a su preparación.
- polvo de hornear (baking powder) – añade esponjosidad a la preparación

Grasas saludables:
Reemplace los aceites de las recetas por los siguientes tipos de grasas:
- mantequilla
- aceite de oliva
- aceite de coco

Los huevos batidos:
Crean una textura más esponjosa en las recetas de postres.

Frutas recomendadas:
Puede usar frutas amigas, con moderación, en sus recetas, tales como:
- fresas
- manzanas verdes

Condimentos recomendados:
- canela
- vainilla
- nueces – añaden una textura crocante y nutritiva a las recetas. Se deben usar con moderación si tiene un Sistema Nevioso Excitado.

Extractos naturales:
Añaden diferentes sabores a las recetas, sin subirle el azúcar. Pueden ser extractos de coco, vainilla, almendras o limón, entre otros.

Gelatina sin sabor:
Use gelatina sin sabor en sus recetas. Evite la gelatina con sabor y las "sin azúcar" ya que las endulzan con aspartame.

IMPORTANTE:
NO use recetas con demasiados alimentos Tipo E. Escoja recetas que pueda adecuar fácilmente a su condición de diabetes. Combine los alimentos Tipo A a su gusto para crear muchísimas recetas deliciosas adicionales a las que están en este libro.

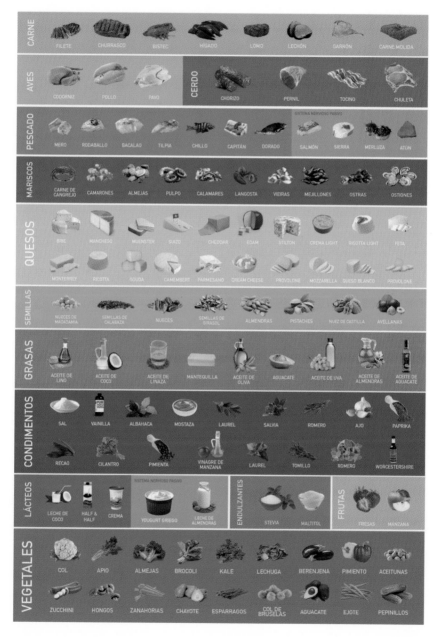

215

Lista Expandida de Alimentos Tipo E

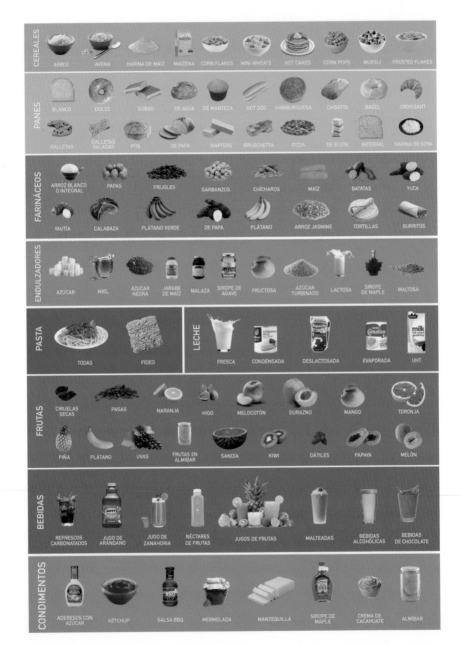

CEREALES: ARROZ, AVENA, HARINA DE MAÍZ, MAIZENA, CORN FLAKES, MINI WHEATS, HOT CAKES, CORN POPS, MUESLI, FROSTED FLAKES

PANES: BLANCO, DULCE, SOBAO, DE AGUA, DE MANTECA, HOT DOG, HAMBURGUESA, CIABATTA, BAGEL, CROISSANT, GALLETAS, GALLETAS SALADAS, PITA, DE PAPA, WAFFERS, BRUSCHETTA, PIZZA, DE ELOTE, INTEGRAL, HARINA DE SOYA

FARINÁCEOS: ARROZ BLANCO O INTEGRAL, PAPAS, FRIJOLES, GARBANZOS, CHÍCHAROS, MAÍZ, BATATAS, YUCA, YAUTÍA, CALABAZA, PLÁTANO VERDE, DE PAPA, PLÁTANO, ARROZ JASMINE, TORTILLAS, BURRITOS

ENDULZADORES: AZÚCAR, MIEL, AZÚCAR NEGRA, JARABE DE MAÍZ, MALAZA, SIROPE DE AGAVE, FRUCTOSA, AZÚCAR TURBINADO, LACTOSA, SIROPE DE MAPLE, MALTOSA

PASTA: TODAS, FIDEO

LECHE: FRESCA, CONDENSADA, DESLACTOSADA, EVAPORADA, UHT

FRUTAS: CIRUELAS SECAS, PASAS, NARANJA, HIGO, MELOCOTÓN, DURAZNO, MANGO, TORONJA, PIÑA, PLÁTANO, UVAS, FRUTAS EN ALMÍBAR, SANDÍA, KIWI, DÁTILES, PAPAYA, MELÓN

BEBIDAS: REFRESCOS CARBONATADOS, JUGO DE ARÁNDANO, JUGO DE ZANAHORIA, NÉCTARES DE FRUTAS, JUGOS DE FRUTAS, MALTEADAS, BEBIDAS ALCOHÓLICAS, BEBIDAS DE CHOCOLATE

CONDIMENTOS: ADEREZOS CON AZÚCAR, KÉTCHUP, SALSA BBQ, MERMELADA, MANTEQUILLA, SIROPE DE MAPLE, CREMA DE CACAHUATE, ALMÍBAR

NaturalSlim® Puerto Rico

www.NaturalSlim.com •Teléfono del Cuadro Central **787-763-2527**

NaturalSlim Metro
262 Ave. Jesús Toribio Piñero
San Juan, PR 00918

NaturalSlim Oeste
2770 Ave Hostos #302
Centro Comercial SVS Plaza
Mayagüez, PR 00682

NaturalSlim Servicio a Distancia
Con servicio a todo Puerto Rico
y la República Dominicana
Tel. 787-763-2527 Ext. #3

NaturalSlim® Estados Unidos

NaturalSlim Estados Unidos
Servicio a Toda la Nación
1200 Starkey Road #205
Largo, Florida 33771
1-888-348-7352 • 1-727-518-1600

NaturalSlim Orlando
2151 Consulate Dr. Suite 12
Orlando, Florida 32837
1-407-635-9777

NaturalSlim® Panamá • www.NaturalSlim.com •

Via España, Plaza Regency, arriba de Adams,
justo frente a Supermercado El Rey,
a una cuadra del metro Iglesia del Carmen. Nivel 1,
Oficina 1-J en Ciudad de Panamá
Teléfono +507 396-6000

NaturalSlim® Costa Rica · www.NaturalSlim.com ·

NaturalSlim Alajuela
Outlet internacional,
Radial Alajuela, junto al City Mall
Locales 31, 32, 33
Teléfono (506) 2430 2010

NaturalSlim Rohrmoser
Centro Comercial Plaza
Rohrmoser, 200 mts Este de la
Embajada Americana, local #7
Teléfono (506) 2291 0914

NaturalSlim® Colombia · www.NaturalSlim.com ·

Calle 63a No. 20-04
Bogotá, Colombia
Teléfono 7020928

NaturalSlim® Europa · www.Naturalslim.eu ·

NaturalSlim Express España
Madrid, España
Teléfono 646047432

NaturalSlim Express Amsterdam
Serving all Europe
Amsterdam, The Netherlands
Tel +31-20-2296300

Centro El Poder del Metabolismo Curaçao

Dra. Isbely Cooper
Salú i Bienestar

Mamayaweg Kaya-A 46
Dominguito, Curaçao
Teléfono +599 9 569 2832

MetabolismoTV.com

Canal de TV en Internet y video blog interactivo sobre el metabolismo y la salud. Vea los últimos episodios en videos donde Frank Suárez explica los temas más interesantes sobre sus últimos descubrimientos y la tecnología del metabolismo. También puede verlos en nuestro canal YouTube.com/MetabolismoTV. Puede hacerse miembro de MetabolismoTV gratuitamente, donde cada semana publicamos cuatro nuevos videos basados en los temas sobre el metabolismo y la salud. Más de 100,000 personas nos visitan cada semana, buscando información que les ayude a mejorar el metabolismo y la salud, lo cual, por su puesto, incluye lograr controlar la diabetes y evitar las complicaciones que puede causar una diabetes mal controlada. Para información adicional o de contacto puede escribirnos a info@metabolismotv.com o puede contactarnos a través de MetabolismoTV en Facebook.

UniMetab.com

Unimetab es el centro de estudio virtual más completo que existe sobre los temas del metabolismo y la salud. Unimetab quiere decir "metabolismo único" ya que con el poder de nuestro metabolismo se pueden mejorar la mayoría de las condiciones de salud, además de adelgazar. Se ofrecen cursos desde básicos hasta avanzados, basados en las investigaciones y descubrimientos del especialista en obesidad y metabolismo, Frank Suárez.

Los cursos tienen videos educaciones especiales hechos por Frank, exámenes de comprobación después de cada lección, gráficas y fotos ilustrativas de cada concepto, ejercicios de práctica, y un certificado oficial firmado por Frank. Los cursos se pueden hacer en el teléfono móvil, tableta o computador, en el tiempo en que a cadapersona le sea más conveniente 24/7. El material del curso se puede revisar o utilizar como referencia futura, ya que continuará estando accesible para los estudiantes de Unimetab de forma permanente. Visítenos en www.unimetab.com.

PreguntaleAFrank.com

Página de búsqueda de respuestas a todas las preguntas que pueda tener sobre el metabolismo y la salud. En este sitio de internet encontrará más de mil artículos en los que Frank responde a todas las dudas sobre los temas de la salud y el metabolismo, con referencia a sus videos en MetabolismoTV.

DiabetesTV

La revolución en el tema de la diabetes. En canal DiabetesTV en YouTube usted encontrará videos en los que se explica cómo controlar la diabetes de manera sencilla y práctica, basado en las recomendaciones de Frank Suárez en su libro **Diabetes Sin Problemas.** En DiabetesTV, la Lcda. Sylvia Colón, Nutrióloga, Dietista, Especialista en Diabetes y Consultora Certificada en Metabolismo, le dará las herramientas para que la diabetes no controle su vida y usted pueda adelgazar y mejorar su salud aún padeciendo de esta condición.

MetabolismoVIP.com

Es una plataforma virtual donde podrá acceder a los libros de Frank Suárez desde su computadora, teléfono móvil o tableta y tener asistencia de Consultores en Metabolismo Certificados que contestarán sus dudas. El sistema de membresía le dará permiso para acceder a la plataforma de libros y para hacer preguntas. Tendrá la oportunidad de aprender sobre los temas del metabolismo, la salud y tecnología para mejorar el sistema nervioso, basados en las investigaciones del especialista en obesidad, metabolismo y diabetes, Frank Suárez. Quien luego de haber vencido su problema del sobrepeso y las enfermedades que esto causa, ha ayudado a millones de personas a vencer sus obstáculos y problemas del metabolismo lento.

Guía de Alimentos Tipo A

Para facilitarle la selección de alimentos en su Dieta 3x1® y darle a conocer todos los Alimentos Tipo A que tiene a su disposición, hemos confeccionado una "Guía de Alimentos Tipo A", a colores, que usted puede obtener de forma gratuita descargándola de internet al acceder al siguiente enlace:

www.naturalslim.com/guia-de-alimentos-tipo-a

Una vez acceda a este enlace sólo necesita proveer su nombre y dirección de correo electrónico para recibir un mensaje con el enlace que le permitirá descargar la "Guía de Alimentos   Tipo A" a colores, de forma gratuita. Se sorprenderá de la amplia selección que usted tiene a su disposición de Alimentos Tipo A.

La Guía de Alimentos Tipo A viene acompañada de un Índice de Episodios del 1 al 1,000, que lista los primeros 1,000 vídeos de MetabolismoTV. Usando este índice usted puede fácilmente encontrar información sobre cualquier tema de salud en los vídeos de MetabolismoTV.

El Poder del Metabolismo

Publicado en el año 2006, este libro fue ganador del premio International Latino Literary Award como mejor Libro de Salud del 2010. Además, recibió el premio especial "Triple Crown Award" por lograr el voto unánime de los jueces. En este libro Frank expone todos los datos básicos para el mejoramiento del metabolismo y la salud. El Poder del Metabolismo tiene más de un millón de copias vendidas alrededor del mundo y ha sido traducido al inglés, francés, holandés y alemán, con miles de historias de éxito de personas que han logrado alcanzar sus metas al aplicar los conocimientos expuestos en este libro.

En un mundo de controversias en el tema de la obesidad, El Poder del Metabolismo registra las técnicas y factores que ayudan a recuperar el metabolismo, basadas en la experiencia y las observaciones de lo que ha funcionado en cientos de miles de personas. Las técnicas para bajar de peso de forma natural vienen descritas en este Best-Seller. Los temas incluyen una dieta con la que se puede vivir, por qué las grasas no son las culpables de la obesidad, la diferencia entre bajar de peso y adelgazar, los alimentos que son fuentes de energía para el metabolismo, y el hongo candida albicans, entre otros. El libro define las causas y soluciones al problema del metabolismo lento que tiene algunos haciendo "dieta de por vida" mientras que otros son flacos coman lo que coman. Por lo tanto, se concluye que bajar de peso no tiene que ver solo con lo que usted come.

Usted puede adquirir este libro en los centros NaturalSlim, en Amazon en sus versiones digital e impresa o en MetabolismoTVBooks.com.

www.ElPoderdelMetabolismo.com

Diabetes Sin Problemas

El libro Diabetes Sin Problemas, El Control de la Diabetes con la Ayuda del Poder del Metabolismo, es el resultado del trabajo de investigación de Frank Suárez de más de 5 años. Es un libro escrito para los pacientes diabéticos, para los familiares que le cuidan y para los médicos o profesionales de la salud que quieran ver mejorar a sus pacientes sin necesidad de continuar aumentando las dosis de los medicamentos ni los riesgos de las complicaciones de salud. Contiene 561 páginas de explicaciones, en lenguaje sencillo, sobre todos los aspectos que se necesitan entender para lograr el control de la diabetes. Como la diabetes es una enfermedad que puede ser mortal, este libro tiene el propósito principal de evitar los problemas de salud y las complicaciones (pérdida de la vista, daños a los riñones, etc.) que puede traer una diabetes mal controlada. En este libro Frank Suárez no deja ningún aspecto fuera y empodera al lector para que realmente comprenda la diabetes de forma que la pueda controlar.

Este libro fue ganador del International Latino Literary Award en el año 2015 como mejor Libro de Salud y contiene 175 fotos, diagramas e ilustraciones para ayudar en la compresión del tema. Debido a la seriedad del tema, en Diabetes Sin Problemas, Frank Suárez cita un total de 965 estudios clínicos, libros, artículos científicos y opiniones de médicos que avalan las explicaciones que él ofrece al lector. Además, el libro incluye un glosario (definiciones de las palabras) que explica de forma sencilla las 124 palabras o términos médicos más importantes que se necesitan entender en el tema de la diabetes. La meta del libro es lograr un paciente o familiar de paciente diabético educado que de forma responsable contribuya al control de la diabetes ayudando así a su médico u otro profesional de la salud calificado a monitorear su condición. Diabetes Sin Problemas es una herramienta de educación que contribuirá al control de la diabetes y a la reducción de los costos médicos donde quiera que se aplique.

Usted puede adquirir este libro en los centros NaturalSlim, en Amazon en sus versiones digital e impresa o en MetabolismoTVBooks.com.

Metabolismo Ultra Poderoso

Doce años después de la publicación de su libro canónico, El Poder del Metabolismo, Frank publica un nuevo libro con todos los nuevos descubrimientos y su tecnología del metabolismo perfeccionada a través del este período de tiempo.

El libro Metabolismo Ultra Poderoso está escrito a manera de guía organizada, con los pasos en secuencia que debe seguir una persona en su proceso de renovar su metabolismo para mejorar su salud o adelgazar. Además, Frank nos revela las técnicas más avanzadas para mejorar el metabolismo y la energía del cuerpo, tales como el ayuno intermitente. También le enseña al lector cómo puede aprender a descubrir los llamados "Alimentos Agresores" que afectan la salud de manera oculta.

Este libro fue escogido como el mejor Libro de Salud del 2019 por los International Latino Literary Award y en él Frank explica de forma sencilla qué cosas puede hacer para tranquilizar su Sistema nervioso y así combatir los efectos dañinos del estrés. Se sabe que el estrés no nos permite adelgazar ni disfrutar de una buena calidad de sueño, por lo cual amanecemos cansados.

Este es un libro de tecnología moderna que le permite tener acceso directo desde su celular para hacer uso de una plataforma de internet donde puede preparar, con la ayuda del libro, su propio Programa Personalizado de pasos a seguir para lograr disfrutar de un Metabolismo Ultra Poderoso.

Usted puede adquirir este libro en los centros NaturalSlim, en Amazon en sus versiones digital e impresa o en MetabolismoTVBooks.com.

Librito El Camino a la Felicidad

El librito El Camino a la Felicidad es un código moral no religioso basado completamente en el sentido común. Fue escrito por L. Ronald Hubbard como una obra individual y no es parte de ninguna doctrina religiosa. Frank Suárez, El Poder del Metabolismo, MetabolismoTV y NaturalSlim con orgullo apoyan y recomiendan el conocer los valores morales que promueve y enseña la Fundación El Camino a la Felicidad (elcaminoalafelicidad.org).

No podemos separar la salud de los valores morales, ya que el primer precepto del Camino a la Felicidad es **Cuida de Ti Mismo**. Es una obligación moral de cada persona, cada padre, abuelo o ser querido el conocer los principios que preservan y cuidan la salud.

La falta de estos conocimientos básicos sobre la salud, como los que se enseñan en el libro El Poder del Metabolismo, ha permitido que el público en general padezca de un exceso de sobrepeso, obesidad, diabetes, alta presión, mala calidad de sueño, falta de energía y problemas mentales.

Después de más de veinte años ayudando a cientos de miles de personas es la opinión de Frank Suárez que la ignorancia sobre los básicos del metabolismo y la salud mantiene a la población mundial enferma, llena de síntomas y de múltiples condiciones de mala salud que requieren un exceso de medicación, simplemente porque no hay un interés genuino de cuidar al público para así mantener las ventas y los ingresos del imperio farmacéutico y de la industria médica.

Esto ha pasado por falta de morales en aquellos que dirigen la educación médica y en los que planifican para cada día poder medicar aún más a nuestros niños, seres queridos y ancianos. Por eso es importante compartir valores morales que estén basados en el sentido común y que promuevan que realmente podamos vivir más felices.

Usted puede adquirir copias gratuitas de este librito en los centros NaturalSlim, o en elcaminoalafelicidad.org.

Metabolic Protein™

METABOLIC PROTEIN es un suplemento de alta tecnología nutricional. Es lo que llaman un reemplazo de comida, porque contiene todas las vitaminas y minerales que el FDA (Administración de Alimentos y Drogas de los Estados Unidos), requiere para ser llamado un reemplazo de comida. Los licuados (en otros países batidas, batidos o malteadas) de proteína comunes no son reemplazos de comida porque no son alimentos completos. Un licuado o batida común de proteínas es un suplemento nutricional para suplementar la dieta normal, pero no se puede utilizar como si fuera una comida completa. METABOLIC PROTEIN es un reemplazo de comida; una comida completa que incluso contiene todas las vitaminas y minerales necesarias para sostener el metabolismo del cuerpo. Generalmente, recomendamos los licuados de proteína METABOLIC PROTEIN sólo para el desayuno, pero se pueden utilizar para reemplazar la comida de la cena, si usted deseara hacer eso o para confeccionar las ricas recetas de este libro.

Así que los licuados METABOLIC PROTEIN sustituyen o complementan su desayuno, aumentando el metabolismo y reduciendo el hambre. Contienen proteína de whey ultrapura, con enzimas digestivas añadidas, para mayor absorción de los nutrientes y satisfacción del hambre por más horas. También tienen aminoácidos para controlar deseos por azúcar, dulces, pan y otros carbohidratos refinados. Se prepara con agua y es baja en carbohidratos. Viene en sabores de vainilla, chocolate y fresa.

Coco-10 Plus™

El Coco-10 Plus es una mezcla de aceite de coco orgánico con el suplemento japonés CoQ10. Esta mezcla única apoya la función de la glándula tiroides y ayuda a desintoxicar el cuerpo. Ademas, permite la entrada de más oxígeno a las células, lo que aumenta de manera rápida la producción de energía y la velocidad de su metabolismo. El Coco-10 Plus también es perfecto para confeccionar sus alimentos ya que lo hemos destilado para que no tenga olor ni sabor a coco, lo que no afecta ni cambia el sabor de las comidas.

Si lo quiere ingerir como un suplemento, puede mezclarlo con el licuado Metabolic Protein. Se comienza con ½ cucharada y se sube ½ cucharada por semana, hasta un máximo de 4 cucharadas. Las personas con un sistema nervioso excitado deben consumir hasta un máximo de una cucharada.

Glucotein™

El Glucotein es una mezcla de harina de "almidón resistente" hecha de plátano y guisantes verdes. Esta harina sirve para hacer recetas de pan, galletas, empanizados o espesar las salsas. Además, tiene un gran beneficio para el metabolismo y los procesos digestivos. Esta harina tiene un bajo índice glucémico, es decir que no sube exageradamente los niveles de glucosa en la sangre. También mejora la digestión y la absorción de nutrientes.

La harina Glucotein no contiene gluten, arroz, maíz, ni ningún componente genéticamente modificado. Actúa como prebiótico, que es una clase especial de fibras alimentarias y almidones resistentes que aumentan el número de bacterias beneficiosas en el instestino, por lo cual mejoran la salud, la digestión y la absorción de los nutrientes. Si además suplementa el cuerpo con bacterias buenas como las Good Flora™, el resultado es todavía mejor.

La dosis recomendada es una cucharada, una vez al día, mezclada dentro de la batida Metabolic Protein. También puede usarlo en todas sus recetas y guisos. Para la información completa sobre el Glucotein, vea el episodio #1570, *El Segundo Cerebro*, en MetabolismoTV.